Erste Hilfe zur Einführung eines Compliance-Systems

C.H.BECK

Vorwort

Nachrichten über neue Compliance-Anforderungen sind für Rechts- und Compliance-Abteilungen ständige Begleiter. In regelmäßigen Abständen erreichen diese Informationen zu neuen Gesetzen, Standards, Empfehlungen und Best Practices. Aktuelle Beispiele sind die Diskussionen um das in der letzten Legislaturperiode geplante Unternehmensstrafrecht in Gestalt des Verbandssanktionengesetzes („VerSanG" – im Moment als Vorhaben ausgesetzt), die EU-Whistleblowing-Richtlinie und ihre Umsetzung in das deutsche Recht, das Lieferkettensorgfaltspflichtengesetz, ein neuer EU-Entwurf einer Richtlinie zur Lieferketten Due Diligence sowie weitere Vorschriften zur Geldwäscheprävention. Fest steht, dass sich Compliance-Abteilungen unter „gefühltem Dauerbeschuss" befinden. Denn oft sind sie noch damit beschäftigt, die Compliance-Anforderungen aus den Vorjahren abzuarbeiten oder überhaupt erstmal Grundlagen einer Compliance-Organisation zu schaffen. Das bedeutet dann, dass zunächst die wichtigsten Compliance-Schulungen durchgeführt werden müssen, ein in die Jahre gekommener Code of Conduct überarbeitet wird und zu Compliance-Themen im Unternehmen regelmäßig an die Geschäftsführung berichtet werden muss. Doch auch wenn sich schon seit vielen Jahren die Compliance-Anforderungen kontinuierlich ändern und die Aufgaben komplexer geworden sind, erscheint die Situation von Compliance-Abteilungen oftmals schwierig. Nicht immer unterstützt die Geschäftsführung eine Aufstockung der Compliance-Abteilung, ungeachtet der wachsenden Aufgaben. Hintergrund ist meist die Sorge vor einem „Verwaltungsapparat", der Geschäftsprozesse verkompliziert und vom eigentlichen Geschäftsziel ablenkt.

Dieser Leitfaden zum Compliance Management möchte Compliance-Verantwortlichen in dieser Situation helfen und einen praktischen Zugang zur konkreten Umsetzung der wichtigsten Anforderungen aufzeigen. Er führt daher in zwölf Kapiteln durch die wichtigsten Elemente eines Compliance Management Systems (CMS). Auch wenn jedes CMS risikoangemessen sein muss und es die „one size fits all"-Lösung nicht gibt – es stehen bewährte Werkzeuge zur Verfügung, mit denen die risikoangemessene Umsetzung eines CMS möglich ist. Diese abschnittsweise im Sinne eines „Arbeitsplans" vorzustellen, ist das Anliegen dieses Leitfadens.

Frankfurt am Main, im April 2023
Dr. Stephanie Troßbach

Inhaltsverzeichnis

1 Erste Orientierung

Wie isst man einen Elefanten? „Stück für Stück" lautet bei großen Vorhaben oft der Rat. Das gilt auch für die Entwicklung und Implementierung eines risikobasierten Compliance-Programms. Dieser Herausforderung müssen sich Compliance-Verantwortliche in Unternehmen stellen und ein belastbares Compliance-Programm entwickeln sowie wirkungsvoll implementieren. Ziel ist ein **den tatsächlichen Risiken angemessenes** und wirksames Compliance Management System (CMS).

1. Ordnung und Fokus

Trotzdem tun sich Unternehmen bei der Umsetzung oft schwer. Das liegt nicht nur an den vielen Aufgaben des Tagesgeschäfts, mit denen Compliance-Abteilungen zu kämpfen haben, sondern fußt auch in der Komplexität der Aufgabe selbst. Doch der metaphorische Elefant lässt sich aufteilen.

Internationale Rechtsrahmen wie Foreign Corrupt Practices Act („FCPA") und United Kingdom Bribery Act („UKBA") geben im internationalen Rahmen meist die Schlagzahl vor, aber ihre Erwartungen sind auch in anderen Regelwerken und Standards abgebildet. Zu nennen sind hier insbesondere ISO 37301 (Compliance-Managementsysteme), der IDW PS 980 (Grundsätze ordnungsgemäßer Prüfung von Compliance Management Systemen) sowie die Standards und Leitlinien des Deutschen Instituts für Compliance e. V. (DICO). Es gibt aber kein deutsches Gesetz, das die Einführung bestimmter Compliance-Elemente beschreibt und Sanktionen für den Fall, dass eine Umsetzung in einem Unternehmen unterbleibt, vorsieht. Daher sind die genannten Standards ein wichtiges Hilfsmittel. Sie beschreiben und ordnen nicht nur die Aufgaben, sondern sorgen auch für Vereinheitlichung von Prozessen und Strukturen, für besseres Verständnis und ein höheres Maß an Transparenz. Zudem unterstützen sie nicht nur dabei, das Compliance-Programm nach außen, also falls notwendig gegenüber Behörden, in Kunden-Audits und anderen Prüfungen zu kommunizieren und in Prüfungen Externer zu bestehen, sondern auch Unternehmens-intern in Compliance-Fragen effektiv zu kommunizieren. Nicht zuletzt helfen die Standards Compliance-Verantwortlichen bei ihren Aufgaben, bilden sie doch den inhaltlichen Rahmen für einen Arbeitsplan, der auch Grundlage für diesen Praxisleitfaden ist. Die **Grundemente** eines CMS lassen sich wie folgt zusammenfassen:

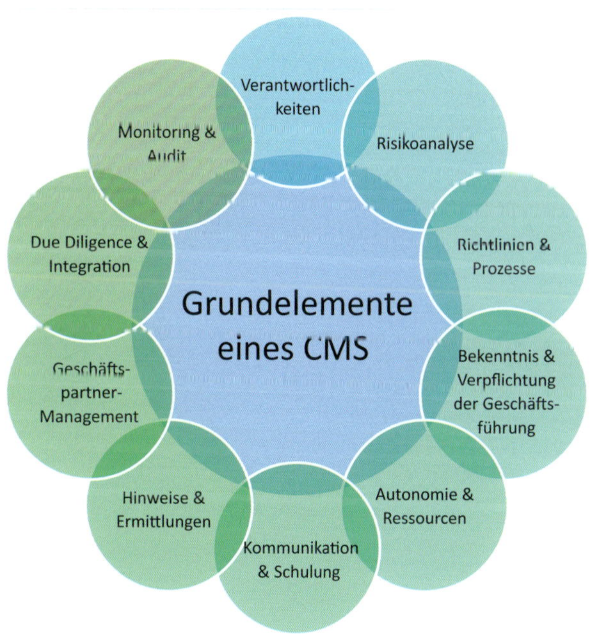

Die verschiedenen CMS-Elemente beeinflussen sich dabei gegenseitig. Durch die vielfältigen Wechselwirkungen lassen sich daher Synergieeffekte erreichen. Schwächen in einem der Elemente bergen aber auch die Gefahr, dass sich diese Schwächen auf andere CMS-Elemente übertragen. Auch kann man sich bei der Umsetzung wegen der zahlreichen Wechselwirkungen leicht in Detailfragen verlieren. Ziel sollte daher sein, sich der vielfältigen Wechselwirkungen bewusst zu sein, aber die Elemente trotzdem strukturiert, jeweils „Schritt für Schritt", anzugehen.

2. „Tool Box"

Jedes CMS muss risikoangemessen sein. Es gibt nicht die auf alle Unternehmen passende Lösung. Immer hängt die konkrete Ausgestaltung eines CMS von den bestehenden Risiken, aber auch von der Größe der Organisation, Art und Umfang der Geschäftstätigkeit sowie der Unternehmenskultur ab. Indes: Es gibt bewährte Werkzeuge, die dabei helfen, die einzelnen CMS-Elemente auf risikoangemessene Weise Schritt für Schritt umzusetzen. Dazu mehr in den nachfolgenden Kapiteln.

3. Standortbestimmung

Eine sinnvolle vorbereitende Maßnahme kann eine geordnete **Standortbestimmung** im Sinne einer realistischen Bestandsaufnahme sein. Oft sind schon einige Elemente eines CMS vorhanden und auf diesen kann und sollte man aufbauen. Die Standortbestimmung lässt sich anhand der Inhalte der folgenden Kapitel durchführen. Die Ergebnisse sollten schriftlich erfasst werden. Das Ergebnis ist dann gleichzeitig der erste Schritt einer schriftlichen Beschreibung des CMS, welches wiederum eine verbindliche Beschreibung des CMS und dessen Dokumentation darstellt.

→ HINWEIS

In **Anlage 1** am Ende der Broschüre befindet sich ein Fragebogen, der durch die wichtigsten Elemente eines belastbaren CMS führt (Online unter https://catuslaw.com/compliance/). Die Auswertung unterstützt eine erste Einschätzung zu möglichen Schwächen. Er dient der ersten Orientierung und Priorisierung der Aufgaben.

2 Verantwortlichkeiten

Strafrechtlich relevantes Verhalten ist ubiquitär. Das bedeutet, es ist allgemein verbreitet und zieht sich durch alle Gesellschaften, Schichten und Organisationen. Dieser Realität müssen sich auch Unternehmen stellen. Hierbei ist es an erster Stelle Aufgabe der Geschäftsleitung, im Rahmen der Legalitätspflicht dafür Sorge zu tragen, dass das Unternehmen so organisiert und beaufsichtigt wird, dass keine Gesetzesverstöße erfolgen. Dafür richtet die Geschäftsleitung eine risikoangemessene Compliance-Organisation ein (siehe auch eine oft zitierte „Siemens-Neubürger“-Entscheidung des LG München I und neueren Datums auch eine Entscheidung des OLG Nürnberg).

BEISPIEL

LG München I Urteil vom 10.12.2013 – 5 HK O 1387/10
„Im Rahmen dieser Legalitätspflicht darf ein Vorstandsmitglied somit zum einen bereits keine Gesetzesverstöße anordnen. Zum anderen muss ein Vorstandsmitglied aber auch dafür Sorge tragen, dass das Unternehmen so organisiert und beaufsichtigt wird, dass keine derartigen Gesetzesverletzungen stattfinden. (...) Einer derartigen Organisationspflicht genügt der Vorstand bei entsprechender Gefährdungslage nur dann, wenn er eine auf Schadensprävention und Risikokontrolle angelegte Compliance-Organisation einrichtet (...)“.

OLG Nürnberg Urteil vom 30.3.2022 – 12 U 1520/19
„Aus der Legalitätspflicht folgt die Verpflichtung des Geschäftsführers zur Einrichtung eines Compliance Management Systems, also zu organisatorischen Vorkehrungen, die die Begehung von Rechtsverstößen durch die Gesellschaft oder deren Mitarbeiter verhindern. (...) Zur Überwachungspflicht gehört außerdem eine hinreichende Kontrolle, die nicht erst dann einsetzen darf, wenn Missstände entdeckt worden sind.“

Bevor aber organisatorische Entscheidungen getroffen werden können, muss Klarheit über den Umfang der Aufgaben und die Zuständigkeit hergestellt werden.

1. Aufgabenfelder

Compliance-Risiken stellen eine jedenfalls begrifflich noch relativ junge Sonderform unternehmerischen Risikos dar. Zum einen verweisen sie auf mit erheblichen Sanktions- und Schadensfolgen einhergehende handfeste rechtliche Risiken, wie Korruptionsrisiken (etwa Bestechung von Amtsträgern oder privater Auftraggeber zur Realisierung von Geschäftschancen), kartellrechtliche Risiken (zum Beispiel Preisabsprachen mit Wettbewerbern) oder datenschutzrechtliche Risiken (wie etwa durch unsachgemäße Behandlung personenbezogener Daten; siehe auch die Zusammenstellung der Risikofelder in DICO e. V., Risikokatalog). Zum anderen reichen Compliance-Risiken in weniger konkrete Bereiche teilweise reflexartig hinein, etwa bei der Sorge vor mit dem Eintritt großer Schadensereignisse verbundenen Reputationsverlusten.

→ **HINWEIS**

Der Begriff **„Compliance“** stammt aus dem Englischen und heißt „Einhaltung, Befolgung, Übereinstimmung, Einhaltung bestimmter Gebote“. Die Vereinigten Staaten gelten als das Ursprungsland von Compliance in der hier verwendeten Begrifflichkeit.

Der Prüfungsstandard des Instituts der Wirtschaftsprüfer in Deutschland e. V. (IDW) definiert den Begriff Compliance entsprechend als „Einhaltung von Regeln“ (gesetzliche Bestimmungen und unternehmensinterne Richtlinien).

Damit verlangt Compliance zunächst nur, dass sich Unternehmen und Organe im Einklang mit dem geltenden Recht bewegen müssen. Ausgangspunkt ist also die Legalitätspflicht, wie sie insbesondere in den § 76 Abs. 1 AktG in Verbindung mit § 93 Abs. 1 AktG Niederschlag gefunden hat. Danach ist der Vorstand im Rahmen seiner allgemeinen, gesellschaftsrechtlichen Sorgfaltspflichten verpflichtet, auch für ein rechtstreues Verhalten aller Unternehmensangehörigen zu sorgen, indem er der Gefahr betrieblicher Rechtsverstöße durch entsprechende Maßnahmen begegnet. Hierzu gehört auch, gesetzeskonformes Verhalten der Gesellschaft und ihrer Mitarbeiter gegenüber Dritten sowie gegenüber der eigenen Belegschaft sicherzustellen (MüKoAktG/Spindler, 5. Aufl. 2019, § 93 Rn. 87).

→ HINWEIS

Entsprechend heißt es im Deutschen Corporate Governance Kodex 2019 („DCGK“), A. I., „Empfehlung und Anregung“; A. 2: „Der Vorstand soll für ein an der Risikolage des Unternehmens ausgerichtetes Compliance Management System sorgen und dessen Grundzüge offenlegen.“ Der DCGK ist ein rechtlich nicht verbindliches Werk einer Regierungskommission aus Fachexperten, die Empfehlungen für gute Unternehmensführung erarbeitet. Verpflichtend ist gemäß § 161 AktG allerdings die Abgabe einer sogenannten Entsprechenserklärung von Unternehmen, ob die Empfehlungen befolgt werden, bzw. warum gegebenenfalls nicht.

Konkretisiert wurden die Erwartungen durch das schon oben erwähnte Urteil des **Landgerichts München aus dem Jahr 2013,** das als „Siemens/Neubürger“-Entscheidung Einfluss auf die Entwicklung von Compliance-Strukturen in Deutschland nahm. Das Gericht stellte eine Pflicht des Vorstandes einer Aktiengesellschaft zur Einrichtung eines Compliance Management Systems fest, um dessen Legalitätspflicht gerecht zu werden (LG München Urteil vom 10.12.2013 – 5 HK O 1387/10). Wie ein solches Compliance Management System aussehen sollte, präzisierte das Landgericht München hierbei nicht. Allerdings sind seitens der Rechtsprechung Weiterentwicklungen zu beobachten: In dem ebenfalls bereits erwähnten Urteils des **Oberlandesgerichts Nürnberg** verwies dieses nicht nur auf die notwendige Einrichtung eines Compliance Management Systems, sondern auch auf eine hinreichende Kontrolle, die nicht erst dann einsetzen dürfe, wenn Missstände entdeckt worden sind. Ihre Intensität dürfe sich je nach Gefahrgeneigtheit der Arbeit und Gewicht der zu beachtenden Vorschriften nicht in gelegentlichen Überprüfungen erschöpfen (OLG Nürnberg Urteil vom 30.3.2022 – 12 U 1520/19).

→ HINWEIS

Als CMS werden „die auf der Grundlage der von den gesetzlichen Vertretern festgelegten Ziele eingeführten Regelungen eines Unternehmens, die auf ein regelkonformes Verhalten der gesetzlichen Vertreter und der Mitarbeiter des Unternehmens sowie ggf. von Dritten abzielen, das heißt auf die Einhaltung bestimmter Regeln und damit auf die Verhinderung von wesentlichen Verstößen (Regelverstöße)“, verstanden (IDW EPS 980 Rn. 13).

Zu den konkreten Aufgabenfeldern geben die Entscheidungen keine Auskunft. Grundsätzlich richten sich diese nach der Geschäftstätigkeit des Unternehmens im Einzelfall. Denn als Teil des Risikomanagements muss auch das Compliance Management immer risikobasiert sein. Gleichwohl gibt es typische Themenfelder.

➪ TYPISCHE COMPLIANCE-THEMEN

- Wirtschaftskriminalität: Korruption, Betrug, Untreue, Unterschlagung und andere Vermögensstraftaten, Außenwirtschaftsrecht
- Wettbewerb: Kartellrecht, Lauterkeitsrecht
- Mitarbeiter: Arbeitszeit, Arbeitssicherheit, illegale Beschäftigung, Sozialversicherung
- Daten- und Informationsschutz: Datenschutz, Geschäftsgeheimnisse, IT-Sicherheit
- Produktion: Produktkonformität, Umweltrecht
- Allgemeine Unternehmenspflichten: Finanzberichterstattung, Steuerrecht, Geldwäscheprävention

- Immer stärker geraten auch die Themen Menschenrechte und Umweltschutz in den Fokus, insbesondere durch das neue LkSG und die geplante EU-Richtlinie zur Lieferketten Due Diligence
- Andere: Selbstregulierung (etwa Kodizes des Verein für die Selbstregulierung in der Arzneimittelindustrie e. V. (FSA), Kodizes des Vereins „Arzneimittel und Kooperation im Gesundheitswesen“ (AKG e. V.) oder Kodex Medizinprodukte des Bundesverbands Medizintechnologie e. V. (BVMed) sowie selbstgesetzte Standards

Siehe in größerem Detail IDW EPS 980 Rn. A7, die noch nennen: Steuerrecht, Börsenrecht, Vorschriften zur Unternehmensführung und -überwachung (etwa nach dem German Corporate Governance Kodex), Umweltrecht, Außenwirtschaftsrecht und Exportkontrolle, Arbeitsrecht und Arbeitssicherheitsrecht, Zollrecht, Patent- und Markenrecht, Produkthaftungsrecht. Eine gute Übersicht lässt sich auch dem DICO Risikokatalog entnehmen (siehe https://www.dico-ev.de/2016/08/30/dico-risikokatalog/), mit den Hauptbereichen Criminal Compliance, Competition Compliance, Production & Environmental Compliance, IP/IT Compliance, HR Compliance, Financial Compliance, Corporate Compliance, „sonstige Compliance-Anforderungen“.

Eine solche Liste kann fast beliebig erweitert werden, denn die Zahl einschlägiger Vorschriften ist groß. Oft wird die Diskussion um die Erstellung vollständiger Risikoübersichten mit Verweis auf die Notwendigkeit eines **„Rechtsregisters“** geführt. Hierbei geht es um eine möglichst erschöpfende Übersicht zu solchen Themen, deren Nichtbeachtung mit nicht unerheblichen, insbesondere strafrechtlichen oder ordnungswidrigen Risiken, zivilrechtlicher Haftung oder Reputationsrisiken für das Unternehmen (also Compliance-Risiken) einhergehen können. Ziel ist es insbesondere sicherzustellen, dass die rechtlichen Pflichten zu den einzelnen Themen möglichst vollständig erfasst werden, die Methode definiert wird, wie die die Übersicht zu den Pflichten aktuell zu halten ist und in welche Zuständigkeit die Pflichten fallen. Dies kann im Einzelnen schwer umzusetzen sein, wenn man keine kommerziellen Anbieter nutzen möchte. Gleichwohl sind zu den allermeisten Rechtsbereichen Informationen frei verfügbar.

⚠ ACHTUNG

Bevor man sich hier im Detail von Einzelanforderungen verliert, empfiehlt sich eine Arbeit mit **Themenbereichen.** Dabei sollte die Frage an erster Stelle stehen, inwieweit bestimmte Bereiche bereits von anderen Funktionen im Unternehmen abgedeckt werden. In jedem Fall ist es ratsam, Aufgaben und Verantwortlichkeiten in einer (mit den jeweiligen Funktionen und der Geschäftsleitung abgestimmten) **Übersicht** festzuhalten. Besondere Sorgfalt ist im Bereich von Schnittstellen gefordert. Zu oft kommt es vor, dass zwei Funktionen meinen, die jeweils andere hätte ein bestimmtes Thema sicher auf dem Radar und am Ende wird das Thema ganz vernachlässigt.

TIPP

Oft ist eine IT-Abteilung bereits intensiv mit dem Thema IT-Sicherheit, eine Zollabteilung mit Exportfragen und eine Finanzabteilung mit Geldwäscheprävention befasst. Das kann auch so bleiben, sollte aber überprüft und der Umfang der Verantwortlichkeiten im Einzelnen abgestimmt werden.

Sobald die Themenbereiche identifiziert sind, müssen sie weiter detailliert werden. Leitfragen sollten sein:

- Welche Einzelthemen gehören zu dem Thema?
- Welche Gesetze und anderen Regeln bilden den regulatorischen Rahmen?

→ HINWEIS

Eine Beispielvorlage für eine Themen-Übersicht befindet sind in **Anlage 2 am Ende dieser Broschüre.**

2. Verantwortlichkeiten

In den CMS-Standards wird oft von „Compliance-Organisation“ gesprochen. Die Realität in den Unternehmen sieht meist nüchterner aus. Die „Compliance-Organisation“ besteht oft genug aus einer Einzelperson, die noch mit anderweitigen Aufgaben betraut ist.

⚠ **ACHTUNG**

Es ist wichtig zu verstehen, dass die Geschäftsleitung grundsätzlich ihre Compliance-Verantwortlichkeit behält und diese nicht einfach an einen womöglich überlasteten Compliance Officer oder Compliance Manager „wegdelegieren" kann. Sie kann diesem aber durchaus bestimmte Aufgaben übertragen. Dessen Aufgabe liegt dann in der Etablierung eines – mit der Geschäftsleitung als letztlich verantwortliche Instanz abzustimmenden – CMS. Wenn diese Person noch andere Aufgaben übernimmt, kann das Vorliegen von Interessenskonflikten zu prüfen sein. Diese können praktisch immer bestehen, sind aber unterschiedlich ausgeprägt. Häufig ist eine Anbindung an den Bereich „Recht", „Finanzen", „Audit" und Ähnliches. Kritisch ist eine kumulierte Verantwortung vor allem dann, wenn der Compliance-Verantwortliche Ergebnisverantwortung trägt. Hier kann es bei der Frage, ob ein bestimmtes Verhalten im Einklang mit Compliance-Anforderungen steht, zu Zielkonflikten kommen.

Bei der Übernahme von Compliance-Aufgaben sollte auch darauf geachtet werden, dass die Stellenbeschreibung diese Aufgabe, nämlich die **Entwicklung und Implementierung eines CMS,** abbildet. Nicht dort stehen sollte (wie schon gesehen): „Der Compliance Officer ist dafür verantwortlich, dass im Unternehmen keine Straftaten begangen werden." Derartiges kann kein Compliance Officer versprechen. Compliance-Verstöße werden in irgendeiner Form immer zur Unternehmensrealität gehören. Was Unternehmen aber, über die Geschäftsleitung mit dem Compliance Officer, tun können, ist das systematische Ergreifen von Maßnahmen, welche die Begehung von Straftaten oder anderen Compliance-Verstößen im Unternehmen erheblich erschweren und auf Verstöße professionell reagieren.

3. Verankerung im operativen Geschäft

Ist der Compliance Officer im Wesentlichen auf sich selbst gestellt, ist es umso wichtiger, dass er die Verantwortung aller Funktionen und Mitarbeiter für Compliance im Unternehmen ausreichend betont. Dort, wo Compliance-Themen entstehen, sind diese prinzipiell auch zu lösen, selbst wenn der Compliance Officer hier die Struktur vorgibt und konkrete Erwartungen formuliert. Werden beispielsweise neue Vertriebsstrategien entwickelt, müssen die operativ Verantwortlichen sich auch mit der Sicherstellung von Compliance angemessen beschäftigen. Auf die Entwicklung eines solchen Verständnisses aller Beteiligten sollte der Compliance Officer beständig hinwirken. Starke Partner in den Geschäftsbereichen, die das Compliance-Thema nicht nur verstehen, sondern im eigenen Interesse vorantreiben, sind eine wichtige Unterstützung. Ein regelmäßiger Austausch, mit unterschiedlichen Funktionen, einschließlich der operativ tätigen Bereiche, ist hierfür unabdingbar.

 **TIPP**

Ein Compliance Committee kann hier helfen, verschiedene Funktionen regelmäßig (etwa alle vier bis acht Wochen) unter einer Compliance-Agenda zu versammeln, funktionsübergreifend Informationen auszutauschen und zügig zu Entscheidungen zu gelangen. Nicht nur wird der Compliance Officer über regelmäßigen Austausch Compliance-relevante Informationen erhalten. Er kann auch effektiv für Compliance-Themen sensibilisieren (siehe auch Kapitel 7., 4.).

⚠ **ACHTUNG**

Compliance ist nicht die Aufgabe (oder gar das „Problem") des Compliance Officers, sondern des gesamten Unternehmens.

Ist diese Einsicht ausreichend verwurzelt, können Multiplikatoreffekte für Compliance-Themen im Unternehmen genutzt und außerdem erreicht werden, dass Compliance-Regeln auf die Ebene des konkreten Tagesgeschäfts heruntergebrochen und damit auch tatsächlich verstanden und befolgt werden.

 TIPP

Es hat sich dabei bewährt, die sich aus den Verantwortlichkeiten ergebenden Aufgaben nicht nur in „To-Do-Listen" zu organisieren, sondern diese als Projekte akribisch im Voraus zu planen. Dies macht es auch leichter, Prioritäten und Ressourcen mit der Geschäftsleitung abzustimmen. Bei der Ermittlung projektbezogener Ressourcen sollten alle relevanten Geschäftsbereiche mit in die Pflicht genommen werden. **Eine intensive Beteiligung** verschiedener Unternehmensbereiche unterstreicht, dass Compliance nicht als Hindernis im Geschäftsalltag, sondern als wesentliche Aufgabe jeder operativen Tätigkeit zu begreifen ist.

⚠ ACHTUNG

Leitungspersonen von Unternehmen können über § 130 OWiG persönlich mit bis zu 1 Mio. EUR bebußt werden, wenn es durch mangelnde Aufsicht zu Straf- und Ordnungswidrigkeiten im Unternehmen kommt, und das Unternehmen kann über § 30 OWiG mit erheblichen Sanktionen belegt werden (bis zu 10 Mio. EUR oder mehr, um Vermögensvorteile aus den Taten abzuschöpfen).

Bei der Sanktionsbemessung kann ein angemessenes Compliance-Programm sanktionsmildernd berücksichtigt werden, wenn Unternehmen nachweisen können, dass ein aufgedeckter Compliance-Verstoß die Ausnahme ist und grundsätzlich geeignete Regeln und Prozesse implementiert sind, die Compliance-Verstöße üblicherweise effektiv verhindern.

3 Risikoanalyse

Eine **sorgfältige Risikoanalyse und -bewertung ist das zentrale Element eines CMS** und entscheidend, um den Kurs für das Compliance-Programm zu bestimmen und zu halten. Werfen wir einen Blick in die gängigen internationalen Compliance-Standards. Diese werden hier sehr deutlich:

§	BEISPIEL

UK Bribery Act
Das Unternehmen bewertet die Natur und das Ausmaß der Exposition gegenüber internen und externen (Korruptions-)Risiken. Risikoanalysen und -bewertungen stellen sicher, dass die bestehenden Risiken identifiziert und entsprechend priorisiert werden, je nach Geschäftsumfang, -aktivitäten, Kunden und Märkten.

§	BEISPIEL

Foreign Corrupt Practices Act
Die Compliance Richtlinien und Prozesse werden auf der Basis periodischer Risikoanalysen und -bewertungen entwickelt, welche die individuellen Umstände des Unternehmens berücksichtigen.

§	BEISPIEL

ISO 37301
Die Organisation soll Compliance-Risiken auf der Basis einer Compliance-Risikoanalyse identifizieren, analysieren und bewerten.

Warum wird das Thema Risikoanalyse so betont? Ohne die konkreten Risiken eines Unternehmens genau bestimmt zu haben, ist auch die Ausrichtung aller anderen Elemente des CMS wirkungsarm. Denn welche Richtlinien und Prozesse soll es konkret geben, wozu soll kommuniziert und geschult werden? Welche Kontrollmaßnahmen sind zu ergreifen? All dies wird vage und allgemein bleiben, wenn es nicht aus einem klaren Risikoverständnis heraus erwächst.

⚠ **ACHTUNG**

Richtig ist aber auch: Risiko ist fester Bestandteil jeder unternehmerischen Tätigkeit. Verlustgefahr und Gewinnchancen sind zwei Seiten derselben Medaille. Sowohl Überbetonung als auch Marginalisierung von Risiken kann zu Wertverlust führen. Nötig ist ein ausgewogenes Risikomanagement.

1. Methodische Schwachstelle

Doch oft ist festzustellen, dass das Thema Risikoanalyse und -bewertung in Rechts- und Compliance-Abteilungen nicht besonders priorisiert wird. Viele Compliance-Verantwortliche fangen direkt damit an, für notwendig gehaltene Richtlinien zu entwerfen oder bestimmte Inhalte zu schulen. Daran ist nichts unbedingt Verkehrtes und dieses Vorgehen ist auch verständlich. Gründliche Risikoanalysen sind mit einem gewissen Aufwand verknüpft. Allerdings: Nur, wenn ein Unternehmen seine Risiken genau kennt, kann es risikospezifische Richtlinien, Schulungen oder Monitoring-Maßnahmen entwickeln, die wirklich auf die Unternehmensrealität abgestimmt sind („risikobasierter Ansatz“).

2. Besser: Systematisches Vorgehen

Eine solide Risikoanalyse sorgt demgegenüber für den Kompass, der die Compliance-Aktivitäten eines Unternehmens auch mittel- und langfristig auf Kurs hält.

Die Compliance-Risikoanalyse sollte jedenfalls zu Beginn möglichst breit aufgestellt werden und typische, „klassische“ Risikobereiche ins Visier nehmen. Diese könnten wiederum sein (siehe die **Anlage 2 am Ende dieser Broschüre** sowie die detaillierte Übersicht „Risikokatalog“ von DICO e. V.):

Wirtschaftskriminalität	☐
Wettbewerb	☐
Mitarbeiter	☐
Daten- und Informationsschutz	☐
Produktion	☐
Allgemeine Unternehmenspflichten	☐
Andere	☐

Wie auch schon bei der Bestimmung der Aufgabenfelder (siehe Kapitel 2, 1.) bedeutet eine breite Anlage der Themen nicht, dass der Compliance-Verantwortliche für alle diese Risikobereiche zuständig ist oder nach Feststellung erheblicher Risiken sein wird. Vielmehr geht es darum, Tätigkeiten oder Umstände zu identifizieren, mit denen erhebliche Haftungsrisiken oder Schäden für das Unternehmen und die handelnden Mitarbeiter verbunden sein können und für solche funktionsübergreifend notwendige Maßnahmen der Risikoreduzierung zu ergreifen.

3. Ablauf einer Risikoanalyse und -bewertung

Bei der Durchführung einer Risikoanalyse hat sich folgender Ablauf bewährt:

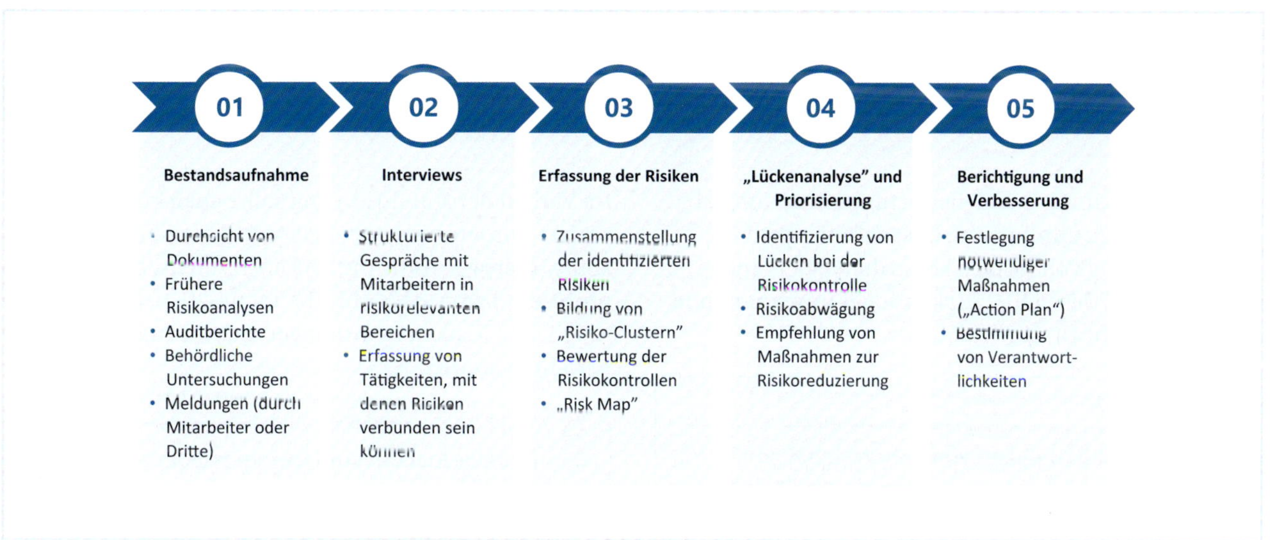

Im Prozess der Risikoanalyse und -bewertung ist Folgendes fest im Blick zu behalten:

Was genau ist ein **„Risiko“** in diesem Zusammenhang? Ein Risiko ist die Möglichkeit einer Rechtsverletzung, die zu erheblichen Folgen, etwa zu Sanktionen, Haftung oder einem Reputationsverlust führen kann.

BEISPIELE

- Risiko, dass Mitarbeiter Amtsträger im Ausland bestechen
- Risiko, dass Mitarbeiter Absprachen mit Wettbewerbern treffen

Im Rahmen einer Risikoanalyse schauen wir auf **Faktoren,** wie etwa Aktivitäten oder Umstände, die mit solchen Risiken verknüpft sein können.

BEISPIEL

Ein Unternehmen vertreibt zulassungsbedürftige Produkte in China und stützt sich hierbei auf die regulatorische Beratung lokaler Dienstleister. Hiergegen ist nichts einzuwenden. Gleichwohl geben diese Aktivitäten guten Grund, die Kontrollmechanismen für dieses Risiko genau zu prüfen und falls nötig zu stärken (etwa durch einen konsequenten Prozess bei der Beauftragung der Geschäftspartner einschließlich ihrer Überprüfung).

Zu den Risiko-relevanten Aktivitäten und Umständen können Folgende gehören:

Besonderheiten der Industrie, zum Beispiel hohe regulatorische Anforderungen im Finanz- und Versicherungswesen, Pharma- und Medizinproduktebereich	☐
Geographische Aspekte, wie ungünstiger Corruption Perception Index, politische Instabilität	☐
Bedeutung von Lizenzen und Genehmigungen für ein Unternehmen, etwa als Voraussetzung für die Betreibung von Anlagen	☐
Grad der behördlichen Überwachung und Kontrolle, wozu auch gehören kann, dass lokale Behörden gegenüber ausländischen Unternehmen entschiedener durchgreifen	☐
Umfang und Bedeutung zollpflichtiger Wirtschaftsgüter und unter Einreisebestimmungen stehende Mitarbeiter	☐
Erschließung neuer Märkte in Ländern mit wenig entwickelter Infrastruktur	☐
Einbindung von Geschäftspartnern, zum Beispiel Vertriebshändler und Berater	☐
Beteiligungen, etwa Joint Ventures mit rechtlicher Kontrolle, aber ungünstigen Rahmenbedingungen zur tatsächlichen Ausübung der Kontrolle	☐

Ziel von Risikoanalyse und -bewertung ist es zumeist nicht, Risiken zu eliminieren. Geschäftstätigkeit ist ohne Eingehung von Risiken kaum denkbar, manche davon sind der Geschäftstätigkeit sogar immanent und lassen sich nicht eliminieren.

BEISPIEL

Bei starker Abhängigkeit von behördlichen Entscheidungen wird sich das Korruptionsrisiko nie ganz eliminieren lassen. Es kann aber durch die Einsetzung gezielter Maßnahmen wie Beratung, Schulungen oder Audits bestmöglich kontrolliert werden.

Im Verlauf der Durchführung sollte auch klar kommuniziert werden, was eine Risikoanalyse nicht ist: Sie ist keine interne Ermittlung und auch kein Audit, sondern profitiert davon, dass Mitarbeiter möglichst offen zu möglichen Risiken in ihrem Verantwortungsbereich berichten können.

⚠ ACHTUNG

Compliance-Risiken sind immer wieder auch regulatorischen Änderungen unterworfen. Beispiele sind die gestiegenen Anforderungen beim Thema Geldwäscheprävention sowie der Bereich Menschenrechte und Umweltschutz durch das Lieferkettensorgfaltspflichtengesetz (LkSG) und geplanter weiterer EU-Vorhaben in diesem Bereich.

Am Ende einer Risikoanalyse sollte eine **klare Bewertung** stehen:

- Welche Risiken konnten identifiziert werden?
- Welche Kontrollmechanismen gibt es bereits? Sind diese ausreichend?
- Welche Verbesserungsmöglichkeiten gibt es?

Der Compliance Officer muss nicht notwendigerweise vollständig neue Prozesse aufsetzen. Oft lässt sich an bestehende Kontrollmechanismen anknüpfen. Ein guter Startpunkt kann der Einkaufsprozess sein, etwa bei der Frage, welche Prüfungen Geschäftspartner bereits durchlaufen, wie der Vertragsabschluss gestaltet ist und die Vertragsbeziehungen dokumentiert werden. Hierauf kann der Compliance Officer aufbauen und Kontrollelemente sinnvoll ergänzen, um die identifizierten Risiken effektiv zu adressieren. Am Ende einer Risikoanalyse wird dann auch ein klareres Bild entstanden sein, welche Richtlinien und Prozesse noch fehlen und was genau geschult werden sollte.

Am Ende der Risikoanalyse soll ein Maßnahmenplan stehen, aus dem sich die abgeleiteten Aufgaben zur weiteren Risikoreduzierung, die Verantwortlichkeiten und der Zeitrahmen dafür ergeben. Auf keinen Fall sollte vergessen werden, die Abarbeitung dieses „Action Plan“ genau nachzuhalten.

4. Checkliste Risikoanalyse

Schritt 1: Ermitteln des Status Quo	✓	×
Wurden alle relevanten Dokumente durchgesehen?		
Durchsicht früherer Risikoanalysen?		
Durchsicht von Auditberichten?		
Gibt es Ergebnisse behördlicher Untersuchungen?		
Liegen Meldungen von Mitarbeitern oder Externen zu eventuellen Verstößen vor?		
Haben sich Risiken in Compliance-Verstößen in der Vergangenheit bereits realisiert?		
Wurden Einschätzungen einzelner Abteilungen zu möglichen Compliance-Risiken eingeholt?		
Gibt es dokumentierte Ergebnisse interner Ermittlungen?		
Wurden Gespräche mit Mitarbeitern in relevanten Bereichen geführt?		
Schritt 2: Identifizierung und Priorisierung von Risiken	✓	×
Wurden die Risiken systematisch bewertet?		
Wurden Maßnahmen der Risikokontrolle berücksichtigt und bewertet?		
Wurde eine Übersicht zu den Risiken und ihrer Bewertung erstellt, einschließlich des Maßes der Risikokontrolle?		
Wurden die gefundenen Risiken priorisiert?		
Schritt 3: Berichtigung und Verbesserung	✓	×
Wurde bereits ein Maßnahmenplan zur Reduktion bestehender Risiken entwickelt?		
Wurden die Verantwortlichkeiten entsprechend der Risiken zugewiesen?		
Wurde die Abarbeitung der vereinbarten Maßnahmen nachgehalten?		

4 Compliance-Richtlinien – den Rahmen definieren

Solide Richtlinien – oft auch Policies genannt – sind die Grundlage für ein CMS, das Verbindlichkeit nicht scheut.

1. Richtlinien als Rückgrat des CMS

Wie im vorhergehenden Kapitel erwähnt, fangen viele Compliance-Verantwortliche direkt mit der Erstellung und Verkündung von für notwendig gehaltenen Richtlinien an. Dies gibt scheinbar Sicherheit, denn man kann (auf dem Papier) etwas vorweisen.

> ⚠ ACHTUNG
>
> **Richtig ist: Ein knappes, verständliches und den Risiken im Unternehmen angepasstes Set von Richtlinien sorgt für die notwendige Struktur und markiert den Erwartungshorizont. Hat man also durch eine gründliche Risikoanalyse ein Verständnis für die sensiblen, risikogeneigten Bereiche entwickelt, bilden Richtlinien den Rahmen, diese Risiken auf Regelungsebene zu adressieren. Sie stellen weiterhin den Standard dar, an dem sich das Compliance-Programm und auch das Verhalten der Mitarbeiter messen lassen muss.**

Aber was sind Richtlinien eigentlich? Vereinfacht gesagt, sollen Richtlinien die „externen" Gesetze in die Unternehmenssprache umsetzen. Diese „Sprache" sollte der Unternehmenswirklichkeit entsprechen und – natürlich – verständlich sein. Das scheint offensichtlich, doch die Praxis zeigt, dass diese Erwartung nicht immer erfüllt wird.

Folgende **„Dos & Don'ts"** sind besonders hervorzuheben:

Dos	Don'ts
Übersichtliche Struktur	Lange Texte
Klare Sprache	Kopie von Teilen des Gesetzestextes
Wo möglich: visuelle Gestaltung	Unklare juristische Begriffe und Formulierungen
Definition von zentralen Begriffen	Fehlen von unternehmensbezogenen Beispielen
Bezug und Widerspruchsfreiheit zu anderen Richtlinien	(...)

Hohe Anforderungen an formale Kriterien werden zumindest bei Richtlinien im Compliance-Bereich häufig nicht gestellt. Compliance-Verantwortliche in Unternehmen sind daher zumeist recht frei, wie und mit welchem Inhalt sie die konkreten Regeln formulieren, sofern diese dem Zweck dienen, kollektives Verhalten im Unternehmen erfolgreich zu organisieren. Es ist hierbei wichtig, sich zu verdeutlichen, dass es unterschiedliche „Regeltypen" (Donald Sull/Kathleen M. Eisenhardt, Simple Rules: How to Thrive in a Complex World) gibt, etwa:

„Grenzregeln", die erklären, wann die Grenze des akzeptierten Verhaltens überschritten ist	☐
„Prioritätsregeln", die im Fall eines Konflikts eine Lösung vorgeben	☐
„Umsetzungsregeln", die erklären, wie eine bestimmte Vorgabe im Unternehmen gelebt werden soll	☐
„Kommunikationsregeln", die angeben, welche Funktionsbereiche/Personen über gewisse Verhaltensweisen oder Entscheidungen zu informieren sind	☐

Nicht jeder Regeltyp muss immer abgebildet sein, die Auswahl hängt hier maßgeblich vom Einzelfall ab. Aber eines ist klar: **Einfache Regeln** erhöhen insgesamt die Wahrscheinlichkeit, dass sich die Adressaten auch an sie halten. Eine Zusammenstellung typischer Compliance-Richtlinien finden Sie am Ende des Kapitels.

Teilweise sind Unternehmen auch gesetzlich verpflichtet, Richtlinien bzw. Erklärungen abzugeben. Das 2021 beschlossene Lieferkettensorgfaltspflichtengesetz (LkSG) etwa schreibt die Verabschiedung und Veröffentlichung einer Verfahrensordnung in Textform für das Beschwerdeverfahren vor und das kommende HinSchG (Hinweisgeberschutzgesetz) die Festlegung eines Meldeverfahrens.

⚠ ACHTUNG

Stakeholder frühzeitig einbeziehen!

Papier ist bekanntlich geduldig. Auch eine nach allen Regeln der Kunst erstellte Richtlinie muss nicht zwingend auf Akzeptanz an der Entwicklung stoßen. Es sollte dafür gesorgt werden, dass **alle wichtigen Funktionen** zu der Richtlinie gehört und beteiligt werden. „Beteiligt" sollte hier durchaus heißen, dass ein aktiver Beitrag geleistet wird.

2. Kommunikation und Schulung

Es reicht nicht aus, eine Richtlinie in den Tiefen des Intranets zu vergraben. Das „Roll-out", also die systematische Kommunikation, Schulung und Umsetzung der neuen Regeln, ist genauso wichtig. Der Erfolg der Richtlinie hängt davon ab, ob ihre Verankerung im Unternehmen gelingt. Besonders bewährt hat sich die Erstellung häufig gestellter Fragen und Antworten zu einer Richtlinie („Q&A"). Hierbei können noch einmal im Frage-Antwort-Spiel die wichtigsten Grundlagen erläutert und um Fragen von Mitarbeitern ergänzt werden. Die Antworten sollten sorgfältig und eindeutig formuliert werden.

Dies wird auch dem Compliance-Verantwortlichem helfen, den Umfang und die Konsequenzen der Regelungen genau zu bedenken. Das Gute ist auch: Die Q&A kann über einen langen Zeitraum weiter fortgeschrieben sowie kontinuierlich verbessert werden und dient gleichzeitig als Referenz der Beratungstätigkeit.

3. Checkliste typischer Compliance-Richtlinien

Richtlinie	✓	×
Code of Conduct – Verhaltensrichtlinie		
Datenschutzrichtlinie		
Anti-Korruptions- oder Geschenkerichtlinie		
Hinweisgeberrichtlinie		
Richtlinie Geschäftspartner-Compliance		
Spenden- und Sponsoring Richtlinie		
Compliance Richtlinie zum Umgang mit Social Media		
Anti-Geldwäsche Richtlinie		
Andere		

5 Compliance-Prozesse – den Rahmen präzisieren

In Kapitel 4 konnten wir feststellen, dass Richtlinien das Rückgrat eines CMS sind.

1. Was sind Prozesse?

Wenn Richtlinien die notwendige Struktur geben und den **Erwartungshorizont** markieren, setzen Geschäftsprozesse Unternehmensabläufe in eine konkrete Abfolge von Schritten um.

→ **HINWEIS**

Allgemein unterscheidet man bei **Geschäftsprozessen** zwischen Führungs- oder Managementprozessen, den wertschöpfenden Kernprozessen, die unmittelbar mit den Produkten oder Dienstleistungen des Unternehmens zu tun haben, und den **unterstützenden Prozessen.**

Zu letzteren zählen Prozesse der Risikoanalyse und damit auch Compliance-Prozesse. Unabhängig davon, wie detailliert die Prozessbeschreibungen sind – in jedem Fall sollen sie Abläufe und Aufgaben im Unternehmen auf verbindliche und möglichst übersichtliche Art und Weise abbilden.

 **TIPP**

Idealerweise sind Geschäftsprozesse und damit auch Compliance-Prozesse so beschrieben, dass ein verständliches Bild davon entsteht, wie Abläufe und Aufgaben im Unternehmen aktuell laufen („Ist-Prozess“) oder wie sie laufen sollen („Soll-Prozess“).

2. Beschreibung von Prozessen

Bei der Darstellung wird oft eine grafische Beschreibung gewählt. Hierfür gibt es auch Software-Programme, die bei der Visualisierung von Prozessen helfen können (etwa Visio oder Lucidchart), für weniger komplexe Prozesse tun es auch PowerPoint-Formen.

Auf jeden Fall sollte bei der Formenwahl auf anerkannte Systeme zurückgegriffen werden. Die Object Management Group Inc. („OMG“) ist eine Organisation, die seit vielen Jahren die Grundelemente der Prozessbeschreibung und die Vorgehensweise zur Prozessmodellierung festlegt und standardisiert (siehe auch https://www.omg.org).

Eine sehr übliche Form Prozesse umzusetzen sind Standard Operating Procedures (SOPs):

1. Hintergrund und Zweck des Prozesses
2. Anwendungsbereich
3. Beschreibung des Prozessschritte
4. Zuständigkeiten
5. Dokumentation
6. Überprüfung der Wirksamkeit

3. Typische Regelungsinhalte

Für Compliance-Prozesse ist typisch, dass durch die Prozessbeschreibung **Rollen und Verantwortlichkeiten** festgelegt werden, mit denen besonders kritische (das heißt risikobehaftete) Aktivitäten besser gesteuert und kontrolliert werden können.

Die Umsetzung von Compliance-Prozessen soll am Beispiel von Interaktionen zwischen der pharmazeutischen Industrie und Fachkreisangehörigen (Angehörigen der Heilberufe) verdeutlicht werden. Bei solchen Aktivitäten (Fortbildungsveranstaltungen, Referenten- oder Beratungsverträge, Sponsoring, Spenden usw) muss sichergestellt werden, dass sämtliche Vorgaben des Wettbewerbsrechts, der Verbände zur Selbstregulierung und der Anti-Korruptions-Gesetze eingehalten werden. Ein Compliance Officer wird sich daher genau überlegen, wie er dies unabhängig von Schulungen und Erstellung von Vertragsvorlagen gestalten möchte und besonderes Augenmerk auf folgende Aspekte legen:

Beschreibung von Rollen und Verantwortlichkeiten, zum Beispiel mit einer Festlegung, wer verantwortlich für die Vorbereitung der notwendigen Unterlagen ist, einschließlich der vollständigen und zutreffenden Beschreibung der Kooperation sowie des berechtigten Bedarfs	☐
Regelung des „Vier-Augen-Prinzips“ und Freigabe durch den Compliance Officer	☐
Umsetzung der Trennung von medizinischen/wissenschaftlichen Funktionen und Marketing/Vertrieb	☐
Prüfung der Leistungserbringung	☐
Voraussetzung für Rechnungsstellung und Zahlung sowie Einbindung in die Bestell- und Bezahlprozesse	☐
Dokumentationsanforderungen	☐
Durchführung von Kontroll- und Überwachungsmaßnahmen („Monitoring“)	☐

⚠ ACHTUNG

Stakeholder frühzeitig einbeziehen!

Auch für die Aufsetzung von Prozessen gilt wieder, dass es mehr als sinnvoll ist, möglichst alle relevanten Funktionen an der Entwicklung zu beteiligen, etwa in Workshops mit der Brown-Paper-Methode. Die Brown-Paper-Methode ist eine pragmatische und ergebnisorientierte Herangehensweise für die Prozesserhebung, Prozessdarstellung und Prozessanalyse im Unternehmen. Sie basiert darauf, dass die am Prozess beteiligten Personen persönlich in einem Workshop zusammenkommen und gemeinsam ein Abbild ihres Prozesses erarbeiten und auf braunem Packpapier (Brown Paper) darstellen und analysieren. Bestehende Prozesse werden in einem Workshop auf einem großen Blatt Papier so aufgezeichnet, wie sie wirklich sind, und dann analysiert.

Im Verlauf der Zeit sollten Wirksamkeit und Praktikabilität der Prozesse mit den beteiligten Personen immer wieder beleuchtet und gegebenenfalls korrigiert werden. Werden Prozesse über die Zeit angepasst, sollte sorgfältig versioniert (V 1.0, V 1.1, Datumsangabe) werden.

4. Kommunikation und Schulung

Ebenso wie bei Richtlinien ist auch bei der Implementierung von Compliance-Prozessen eine systematische Kommunikation und Schulung elementar.

6 Bekenntnis und Verpflichtung der Geschäftsleitung

Auch wenn „Bekenntnis und Verpflichtung der Geschäftsleitung" auf den ersten Blick als „Soft Skill"-Anforderung daherkommt, zeigt spätestens der zweite Blick, dass wir es hier mit einem ganz entscheidenden Element eines effektiven CMS zu tun haben.

1. „Tone from the Top"

Ohne ein klares Bekenntnis der Geschäftsführung zum Compliance-Programm seines Unternehmens und seiner Compliance-Organisation werden diese nicht erfolgreich sein können.

Innerhalb einer Geschäftsorganisation beginnt Compliance mit der Geschäftsleitung und den Führungskräften, die den richtigen Ton für das ganze Unternehmen setzen. (FCPA Resource Guide, S. 57)

Deutlicher kann man es eigentlich nicht sagen: Compliance **beginnt mit der Geschäftsführung.** Das heißt letztlich nichts anderes, als dass der Erfolg eines CMS auch schnell mit der Geschäftsführung enden kann, wenn es dieser nicht gelingt, eine überzeugend Compliance Kultur in der DNA des Unternehmens zu verankern.

2. „Tone from the Middle"

Aber nicht nur die Geschäftsführung muss klare Signale senden, um Compliance in ihrer Organisation zu unterstützen. Mindestens genauso wichtig ist das mittlere Management. Dieses ist typischerweise erheblich dichter am operativen Tagesgeschäft mit all seinen Herausforderungen als es die Geschäftsführung zu sein vermag. Auf der Ebene des mittleren Managements entscheidet sich, ob ein Unternehmen nicht nur formal über Compliance spricht, sondern ob tatsächlich gilt: „Walk the talk."

"Good leaders produce good followers; but if employees in the middle of the organization are surrounded by coworkers who are lying, cheating, or stealing, they will most likely do the same, regardless of what their bosses say. So-called descriptive norms – how peers actually behave – tend to exert the most social influence." (Epley, Nicholas/Kumar, Amit: How to Design an Ethical Organization, Harvard Business Review, Issue May-June 2019, S. 144)

Mitarbeiter haben ein feines Gespür dafür, ob Führungskräfte es mit Compliance ernst meinen, oder ob es sich eher um Lippenbekenntnisse handelt und hinter vorgehaltener Hand etwas anderes gilt. Es „ernst meinen" kann dann nämlich tatsächlich auch einmal heißen, von einem kritischen Geschäft Abstand zu nehmen.

3. Konkrete Umsetzung

BEISPIEL

Alle Mitarbeiter eines Unternehmens sollen zum Thema Compliance geschult werden und versammeln sich im Schulungsraum. Der Geschäftsführer spricht einleitende Worte zum Thema Compliance, wünscht allen eine gute Veranstaltung und verlässt dann den Raum. Er „sagt" zwar, dass rechtmäßiges und ethisches Verhalten wichtig sei, drückt aber tatsächlich aus, dass er selbst Wichtigeres zu tun habe. Die Signalwirkung solchen Verhaltens ist nicht zu unterschätzen.

Was können Geschäftsführung und Führungskräfte nun konkret tun? **Kommunikation** ist wie so oft (fast) alles.

- Die Geschäftsführung kann durch regelmäßige Mitteilungen an Mitarbeiter Compliance-Themen im Fokus der Organisation halten. Natürlich kann und soll der Compliance-Verantwortliche dies unterstützen.
- Die Geschäftsführung kann sich zu einem wichtigen Compliance-Projekt über interne Kommunikationskanäle des Unternehmens äußern. Sie kann beispielsweise ein Vorwort zu einem neuen Compliance-Handbuch verfassen.
- Vor allem aber kann sie den Compliance-Beauftragten unterstützen, indem sie ihm die Möglichkeit gibt, mit dem Compliance-Thema vor allem durch **Zugang zu Leitungsgremien** sichtbar zu werden und Compliance-relevante Entscheidungen mitzugestalten.
- Führungskräfte des mittleren Managements sollten versuchen, als Multiplikatoren die Vorgaben des Compliance-Programms in die Lebenswirklichkeit ihrer Bereiche zu übersetzen und sicherzustellen, dass die Relevanz von Regeln in den konkreten Arbeitsbereichen verstanden wird. Sie sollten erster Ansprechpartner für ihre Mitarbeiter zu Compliance-Fragen sein, Fragen oder Bedenken aus ihren Bereichen beim Compliance-Beauftragten adressieren und diesem konstruktiv Rückmeldung geben. Damit wird klar, dass Compliance keine wählbare Option, sondern originäre Aufgabe der Führungskraft ist.

Mithilfe dieser Maßnahmen wird im Unternehmen deutlich werden, was gelebte Compliance eines CMS wirklich bedeutet und wie sich gemeinsam an der Umsetzung arbeiten lässt.

7 Organisation und Ressourcen

Schon in Kapitel 2 haben wir festgestellt, dass die Geschäftsführung im Rahmen der Legalitätspflicht dafür Sorge trägt, dass das Unternehmen so organisiert und beaufsichtigt wird, dass keine Gesetzesverstöße erfolgen. Dafür richtet die Geschäftsleitung eine risikoangemessene Compliance-Organisation ein und nimmt damit Compliance als originäre Aufgabe wahr.

Allerdings: Sprechen wir hier von „Compliance-Organisation", ist das für viele Compliance-Verantwortliche reines Wunschdenken. In vielen Fällen besteht diese selbst bei international aufgestellten Unternehmen aus genau einer Person, bei der verschiedene Verantwortlichkeiten wie Recht, Compliance und Datenschutz gebündelt werden, etwa beim Unternehmensjuristen. Wie Compliance-Verantwortliche trotzdem den vielseitigen Anforderungen an diese Aufgabe gerecht werden können, sollen die folgenden **fünf Tipps** zeigen.

1. Verbündete finden

Compliance-Verantwortliche sollten sich unbedingt ein Netzwerk von „Verbündeten" suchen, die sie bei Compliance-Aufgaben unterstützen können. Es bieten sich auf der Arbeitsebene Allianzen insbesondere mit Finanzen/Controlling, Personalabteilung, Einkauf, IT oder der Inneren Revision an. Auch eine regelmäßige und proaktive Abstimmung mit dem Betriebsrat ist ratsam, um zu mitbestimmungsrelevanten Fragen frühzeitig im Austausch zu sein.

2. „Champions League" spielen

Compliance-Verantwortliche sollten sich Ansprechpartner in den verschiedenen Unternehmensbereichen suchen. Die Etablierung einer Struktur von „Compliance-Champions" hat sich vielerorts sehr bewährt, auch wenn einige Vorarbeit notwendig ist. In fast jeder Abteilung gibt es Mitarbeiter, die ein besonderes Interesse und Verständnis für das Thema Compliance mitbringen. Diese können gezielt fortgebildet und informiert werden, um dieses Wissen in ihre Abteilungen weiterzutragen. Umgekehrt tun sich Mitarbeiter oft leichter, bei Fragen ihre Kollegen anzusprechen als direkt den Compliance Officer.

Neben fachlicher Kompetenz ist die wichtigste Eigenschaft eines erfolgreichen Compliance Officers ausreichend Autorität. Diese setzt sich aus zweierlei Dingen zusammen: der Autorität als Persönlichkeitsmerkmal und der Autorität der Position. Letztere ist auch davon abhängig, welche Rolle einem Compliance Officer innerhalb des Unternehmens von der Geschäftsführung zugebilligt wird, einschließlich des erwähnten Zugangs zu Leitungsgremien.

Der FCPA adressiert diesen Aspekt zusammen mit der Frage nach der „Autonomie" und wird hier sehr spezifisch:
Compliance-Beauftragte müssen innerhalb ihrer Organisation über angemessene durch das Management verliehene Autorität verfügen. Dies schließt direkten Zugang zu Leitungsgremien der Organisation ein. (FCPA Resource Guide, S. 58)

3. Einbindung fordern

Um die Frage der konkreten Ausgestaltung von Autorität und Autonomie entbrennen nicht selten Auseinandersetzungen. Ideal ist es, wenn ein Compliance Officer direkt an die Geschäftsführung berichtet und auch Mitglied eines Leitungsgremiums ist. Nur bei einer solchen Einbindung kann sich ein Compliance Officer „aus erster Hand" ein Bild von bestimmten Fragestellungen machen und sich effektiv einbringen. Das dadurch gefestigte „Standing" des Compliance Officers ist ein starkes Signal und von entscheidender Bedeutung für die Glaubwürdigkeit eines Compliance-Programms.

4. Komitee bilden

In jedem Fall und besonders, wenn eine regelmäßige Teilnahme in einem Leitungsgremium (noch) nicht umsetzbar ist, sollte der Compliance Officer die Einrichtung eines Compliance Committee anregen. In diesem können gemeinsam mit anderen relevanten Funktionen (siehe oben die „Verbündeten") regelmäßig (zum Beispiel alle zwei Monate) wichtige Compliance-Themen bereichsübergreifend besprochen und entschieden werden. Dieses Werkzeug erweist sich regelmäßig als sehr effektiv – bei entsprechender Seniorität – (siehe ein Beispiel für die Aufsetzung eines Compliance Committees in **Anlage 3 am Ende dieses Leitfadens**).

5. Ressourcen einfordern

Ressourcen sind nicht optional. Es reicht nicht, jemandem im Unternehmen den „Compliance-Hut" aufzusetzen und dann sich selbst zu überlassen. Der Compliance Officer benötigt für seine umfangreichen Aufgaben angemessene zeitliche, personelle und finanzielle Ressourcen. Dazu gehört auch die Planung eines entsprechenden Budgets, wenn das Compliance-Anliegen glaubhaft sein soll. Compliance Officer müssen dies aber auch einfordern, idealerweise mit konkreten und rechtzeitigen Jahresplanungen zu ihren spezifischen Compliance-Projekten.

8 Kommunikation und Schulung

Mitarbeiter zu relevanten Compliance-Themen im Unternehmen zu informieren und risikoangemessen zu schulen, wird von Compliance-Verantwortlichen zumeist als wichtige und vordringliche Aufgabe wahrgenommen. Das ist auch richtig so. Der Compliance-Verantwortliche tut immer gut daran, Compliance-Inhalte mitzuteilen, zu erläutern und das Compliance-Thema somit im Bewusstsein der Mitarbeiter zu halten.

1. „Pflicht" und „Kür"

Um ein Standardprogramm für Schulungen kommen Unternehmen nicht herum. Zentral ist hier die Schulung der Compliance-Grundlagen (Code of Conduct/ Verhaltensrichtlinie) und anderer risikobezogener Inhalte (Anti-Korruption, Kartellrecht, und andere). Oft werden diese Schulungen in größeren Unternehmen digital als **E-Learning** ausgestaltet, die von neuen Mitarbeitern und dann in regelmäßigen Abständen zur Auffrischung absolviert werden müssen. Daneben stehen **Präsenzschulungen** („Classroom"). Die beiden Varianten sind als „sowohl als auch", nicht als „entweder oder" zu verstehen.

Hierbei sind verschiedene Vor- und Nachteile zu bedenken:

2. E-Learning

Pro	Contra
Bei vielen Mitarbeitern leichter zu organisieren und zeitsparender	Keine individuellen Fragen und persönliche Interaktionen
Teilnahme technisch leicht zu dokumentieren	Oft nur „Standardprogramm"

3. Präsenzschulung („Classroom")

Pro	Contra
Maßgeschneiderte Inhalte	Aufwändigere Organisation, höherer Zeiteinsatz
Einreichung von Fragen und Antwort des Referenten auf Nachfragen möglich	Komplizierte Nachverfolgung (Teilnehmerlisten, Krankheitsfälle, etc)

Die wenigsten Compliance-Verantwortlichen schöpfen das Thema Kommunikation und Schulung aber wirklich aus. Wie könnte also die **„Kür"** aussehen?

Option 1: Beginnen wir „oben" – bei den **Führungskräftetrainings.** Ein wichtiges Schulungsthema ist hier „Compliance als Führungsaufgabe". Während E-Learnings als grundlegender Einstieg für die gesamte Belegschaft sinnvoll sind, empfehlen sich für Führungskräfte Präsenzschulungen, etwa im Rahmen eines halbtägigen Workshops. In einem solchen Workshop können Themen wie wahrgenommene Zielkonflikte, Umsetzung von Compliance in Geschäftsprozessen, der Umgang mit Compliance-Bedenken und vieles mehr besprochen werden.

Option 2: Auch besondere **zielgruppenspezifische Schulungen** (zum Beispiel für Mitarbeiter im Vertrieb) sind essentiell. Hier kann der (interne oder externe) Trainer rechtliche Fragen beantworten, mit den Mitarbeitern interaktiv in konkrete Fallbeispiele einsteigen, Vertrauen aufbauen und auf die genauen Bedürfnisse der Zielgruppe eingehen. All das wäre in einem standardisierten E-Learning nicht umsetzbar.

Option 3: Oft zeigt sich, dass Compliance-Schulungen mit vielen anderen Pflichten von Mitarbeitern konkurrieren. **„Nano-Learnings"** können hier eine gute Option sein: Kleine „Trainingshäppchen", die nur 3 bis 5 Minuten dauern, werden Mitarbeitern über eine App oder Ähnliches zugewiesen, um das Thema Compliance im Bewusstsein zu halten.

Option 4: Im Unternehmen gibt es ein Intranet oder eine Mitarbeiterzeitung? Darin können **Berichte** über die Schulungen und andere Compliance-Aktivitäten veröffentlicht werden und so Compliance-Themen im Fokus der Mitarbeiterschaft gebracht werden.

Option 5: Schulungen beschränken sich nicht zwangsweise auf Verhaltensanweisungen oder -empfehlungen. Stellt die Kommunikation von Mitarbeitern mit externen Partnern ein Risiko dar? Dann könnten **Kommunikationstrainings** helfen. Als Beispiel könnte der Vertrieb eines Pharmaunternehmens zur Compliance-konformen Kommunikation mit Ärzten geschult werden: Wie kann Compliance positiv kommuniziert werden oder sogar zum Wettbewerbsvorteil avancieren? („Wenn Sie mit uns zusammenarbeiten, können Sie sicher sein, dass alles seine Ordnung hat.")

Option 6: Ein **Q&A** aus Mitarbeiterfragen (etwa zu Bedeutung und Umfang von Compliance, Annahme und Gewährung von Geschenken, der Meldung von Compliance-Bedenken, Ansprechpartnern) strukturiert häufig nachgefragte Themen, vereinheitlicht die Antworten und spart viel (sich wiederholende) Beratungsarbeit. Den Mitarbeitern steht damit ein leicht verfügbarer Ratgeber zur Seite.

Option 7: Die Durchführung von **Mitarbeiterumfragen** zum Thema Compliance gibt Compliance-Verantwortlichen einen Eindruck davon, was Mitarbeiter denken und wie sie ihre Compliance-Arbeit perspektivisch noch verbessern können. Fragen könnten etwa sein, ob Mitarbeiter ihren Compliance Officer kennen, sich für ihre Tätigkeit ausreichend geschult fühlen oder ob sie denken, dass das Unternehmen das Thema Compliance ernst nimmt. Weitere Fragen könnten sein, ob Mitarbeiter bei Compliance-Bedenken ihren Vorgesetzten oder den Compliance Officer ansprechen würden oder ein eingerichtetes Hinweisgebersystem im Unternehmen nutzen würden.

Option 8: Auch die Compliance-Abteilung muss sich verkaufen können. Dazu kann **„Compliance Branding"** ein Schritt sein: Know-How im Bereich Marketing kann genutzt werden, um Compliance und die Kernbotschaften effektiv im Unternehmen zu kommunizieren. Wichtig ist auch die visuelle Gestaltung. Eine einheitliche Gestaltung von Unterlagen und Konsistenz mit weiteren Firmenpublikationen machen deutlich, dass Compliance Teil des Unternehmens mit entsprechendem Stellenwert ist.

Option 9: Die Entwicklung **neuer Formate** erweitert das Angebot: Das können Compliance-Workshops oder „Compliance-Sprechstunden" (individuell oder als Gruppenveranstaltung) sein. „Niedrigschwellige Angebote" machen der Belegschaft den Einstieg in Compliance-Themen und den Kontakt zum Compliance-Verantwortlichen in jedem Fall leichter.

9 Hinweise und Ermittlungen

Justitia präsentiert sich bekanntlich nicht nur mit der Waage, sondern ebenso mit dem Schwert. Auch für Compliance-Programme gilt, dass sie Probleme zwar vermeiden sollen, Verfehlungen aber dennoch vorkommen. Solche müssen dann nachverfolgt und professionell aufgearbeitet werden. Die Spanne der Maßnahmen reicht von der Einführung eines Meldesystems bis zur Einleitung von Ermittlungen und der Anordnung rechtlicher Konsequenzen. Ein wirksamer Ermittlungsprozess identifiziert die Ursachen für Fehlverhalten, Schwachstellen im CMS und Versäumnisse bei der Rechenschaftspflicht, auch bei Führungskräften (ISO 373001, A. 8.4., S. 25). Aber auch Anreizsysteme können ein machtvolles Instrument sein und werden doch nur von wenigen Unternehmen genutzt.

1. Meldesystem

Ein Meldesystem kann vielfältig ausgestaltet sein und setzt sich typischerweise aus unterschiedlichen Elementen zusammen. Bekannt ist den meisten die „Whistleblower Hotline", also ein **Hinweisgebersystem,** an das sich Mitarbeiter oder Externe wenden können, wenn sie Verdachtsfälle melden möchten. Die *EU Whistleblower Directive* mit dem kommenden deutschen Hinweisgeberschutzgesetz (HinSchG) hat neuen Schwung in das Thema gebracht. Unternehmen mit mehr als 50 Beschäftigten oder einem Jahresumsatz von mehr als 10 Mio. EUR müssen ein internes Verfahren für den Umgang mit Meldungen von Hinweisgebern einführen, was die Eröffnung von Meldekanälen, Rückmeldepflichten und den Schutz vor Vergeltungsmaßnahmen einschließt.

→ **HINWEIS**

„Meldesystem" kann die Einführung eines webbasierten Systems bedeuten, aber es stehen auch andere Möglichkeiten ergänzend oder alternativ zur Verfügung, zum Beispiel die Bestellung eines **Vertrauensanwalts bzw. Ombudsmanns,** der Mitarbeitern oder Externen als verlässlicher Kontakt für die Entgegennahme von Hinweisen zur Verfügung steht und auch eine Bewertung der Hinweise vornehmen kann. Dies bedeutet für Rechts- und Compliance-Abteilungen eine erhebliche Entlastung.

2. Ermittlungen und Sanktionen

Diese sind ein zentraler Bestandteil der Aufarbeitung von Hinweisen, aber selten eine von Compliance-Verantwortlichen geliebte Aufgabe. Oft wird die Führung von Ermittlungsverfahren als Konflikt zur Beratungsarbeit wahrgenommen und wenn möglich vermieden. Die Erwartungen sind aber klar.

Die Organisation soll Prozesse für die Einschätzung, Beurteilung, Ermittlung und Schließung von vermuteten und tatsächlichen Fällen von Compliance-Verstößen entwickeln, einrichten, umsetzen und aufrechterhalten. (ISO 37301, S. 17 f.)

Interne Ermittlungen fachgerecht zu führen ist eine komplexe Aufgabe, bei der sich unerfahrene Compliance-Verantwortliche im Zweifel zurückhalten und besser externe Expertise in Anspruch nehmen sollten.

Folgende kritische Aspekte bedürfen typischerweise einer genauen Bewertung und sorgfältigen Entscheidung:

Arbeitsrechtliche Aspekte, zum Beispiel Anhörung, Einbindung des Betriebsrats, Abmahnung und Kündigung, gegebenenfalls Abstimmung von Maßnahmen mit Ermittlungsbehörden	☐
Rechte von beschuldigten Mitarbeitern oder Externen (Datenschutz, Persönlichkeitsrechte, Selbstbelastung bei Befragungen)	☐
Pro und Contra Strafanzeige	☐
Interaktion mit Polizei, Staatsanwaltschaft und Gerichten	☐
Aufarbeitung von Sachverhalten vor dem Hintergrund des erwarteten Verbandssanktionengesetzes (eigene Aufklärung, Kooperation mit der Staatsanwaltschaft, Trennung von Unternehmensverteidigung und andere)	☐

Auch – und gerade – im Bereich des Hinweis-Managements kann das schon in früheren Kapiteln erwähnte **Compliance Committee** gute Dienste leisten, auch um die Konsistenz von Entscheidungen sicherzustellen. Die Compliance-Funktion kann sich hier mit anderen Bereichen wie Recht, Finanzen, Controlling, Personal, Datenschutz, IT und Interne Revision zum sinnvollen Vorgehen abstimmen.

⚠ ACHTUNG

Der Compliance-Officer wird arbeitsrechtliche Maßnahmen nur vorschlagen, final treffen die jeweils zuständigen Funktionen die Entscheidungen, etwa die Personalabteilung in Abstimmung mit der Geschäftsführung.

3. Anreize

„Compliance kann man nicht inzentivieren, denn gesetzestreues Verhalten wird von allen erwartet." besagt ein typischer Einwand gegen die Schaffung positiver Compliance-Anreize. Mit ein wenig Kreativität lassen sich aber durchaus zum Unternehmen passende Anreize entwickeln: Besonders effektiv ist die Einbindung von Compliance-Aufgaben in die jährlichen Zielvereinbarungen.

BEISPIEL

Eine Möglichkeit wäre hier etwa die Durchführung von Compliance-Schulungen oder Workshops durch Führungskräfte oder die aktive Beteiligung an einem bestimmten Compliance-Projekt. Auch kann ein besonderer Aufwand gewürdigt werden, wie die Optimierung von Compliance-relevanten Prozessen in einer Vertriebsabteilung.

4. Checkliste Hinweisgebersystem („Best Practice") auf der Grundlage der EU Whistleblower Directive bzw. des kommenden Hinweisgeberschutzgesetzes (HinSchG) sowie des Lieferkettensorgfaltspflichtengesetzes (LkSG).

Einrichtung von Kanälen und Verfahren	✓	×
Einrichtung von Kanälen und Verfahren für interne Meldungen und für Folgemaßnahmen		
Bereitstellung von Information über die Nutzung der internen Meldekanäle		
Wahrung der Vertraulichkeit		
Benennung einer unparteiischen Person oder Abteilung, die für die Folgemaßnahmen zuständig ist		
Meldungsbearbeitung	✓	×
Bestätigung des Eingangs des der Meldung an den Hinweisgeber innerhalb von 7 Tagen		
Unparteiische Person oder Abteilung nimmt Meldung entgegen und bleibt mit dem Hinweisgeber in Kontakt		
Beurteilung der Meldung und Entscheidung über weitere Maßnahmen, etwa die Einleitung von internen Ermittlungen, Einbeziehung weiterer Funktionen, Einholung von Rechtsrat		
Schutz in gutem Glauben handelnder Hinweisgeber vor Benachteiligung		
Ggf. Beteilung des Betriebsrats		
Rückmeldung an den Hinweisgeber innerhalb einer Frist von 3 Monaten		
Dokumentation der Meldung		
Ergreifung von Folgemaßnahmen	✓	×
Bei Bestätigung des Verdachts – zum Beispiel Einleitung von arbeitsrechtlichen Maßnahmen, unter Umständen Erstattung einer Strafanzeige oder Information von Mitarbeitern		
Prüfung, ob Maßnahmen zur künftigen Risikoreduzierung oder Anpassung des CMS notwendig sind		

10 Geschäftspartner-Management

Um unbekannte und möglicherweise gefährliche Territorien zu kennzeichnen, zeigen alte Karten manchmal die Warnung: „*Hic sunt dracones*" („*Hier sind Drachen*"). Im CMS von Unternehmen stellt das Geschäftspartner-Management oftmals (neben dem Thema Compliance Monitoring & Audit) den größten „blinden Fleck" dar. Schätzungen zufolge bezieht nur knapp jedes zweite Unternehmen seine Lieferanten und Subunternehmer in das Compliance-Programm ein. Hierzu mag die unzutreffende Vorstellung beitragen, dass sich Compliance-Risiken bequem in die Sphäre des Geschäftspartners verschieben lassen.

Richtig ist aber vielmehr Folgendes:

- Unternehmen können sich ihrer Verantwortung **nicht** dadurch entledigen, dass sie Dritte mit der Ausführung risikobehafteter Tätigkeiten beauftragen
- Mehr noch, sie sind grundsätzlich **verantwortlich** dafür, was Dritte in ihrem Namen tun.

Wie können aber die wichtigsten Schritte zu einem risikobasierten Geschäftspartner Management praktisch aussehen?

1. Bestandsaufnahme

Zunächst ist zu klären, wer überhaupt als „Geschäftspartner" anzusehen ist, was in Unternehmen je nach Geschäftsgegenstand unterschiedlich zu beurteilen ist. Als Faustformel gilt, dass zumindest solche Personen oder Organisationen einzubeziehen sind, die für ein Unternehmen tätig sind (ausgenommen Mitarbeiter und Organe) oder dieses auf sonstige Weise vertreten. Typische Beispiele für Geschäftspartner sind Vertriebspartner, Zollagenten oder Berater. Zu den verschiedenen Gruppen von Geschäftspartnern sollte eine genaue Übersicht erstellt werden, idealerweise zusammen mit einem Mengengerüst, also zumindest einer ungefähren Einordnung, wie viele Geschäftspartner in welche Gruppe fallen. Der nächste Schritt sollte darauf schauen, welchen Zweck die jeweiligen Gruppen bzw. Geschäftspartner erfüllen. Die Zusammenstellung der Geschäftspartner einschließlich des mit Ihnen verfolgten Zwecks kann zum Beispiel so aussehen:

Geschäftspartner	Name
ERP-Nummer	#12345
Tätigkeit	Produktvertrieb
Zweck	Vertrieb des Produkts P1 in Deutschland bei Kunden
Geschäftsbereich	Vertrieb Business Unit P1
Verantwortlich	Name

2. Risikobewertung

Die Geschäftspartner sind dann auf bestehende Risiken hin zu bewerten. Stellt sich zum Beispiel bei der Prüfung heraus, dass

- der Geschäftspartner regelmäßig Kontakte mit Behördenvertretern hat,
- die von den Behördenvertretern zu erteilende Genehmigung für die Geschäftstätigkeit des Unternehmens im Markt essenziell ist,

sind dies enorm wichtige Informationen. Hierin spiegeln sich erhebliche Compliance-(Korruptions-)Risiken, ohne dass es schon konkret zu einer unrechtmäßigen Beeinflussung gekommen sein muss.

Bei der **Risikobewertung** sollten auch folgende Fragen geklärt werden:

- Wofür braucht das Unternehmen diesen Geschäftspartner?
- Was kann der Geschäftspartner, was schon vorhandene Geschäftspartner nicht leisten können?
- Warum hat das Unternehmen gerade diesen Geschäftspartner beauftragt? Ist er für die Aufgabe gegenüber anderen besonders qualifiziert (Leistung, Preis, Erfahrung)?
- Setzt der Geschäftspartner seinerseits Geschäftspartner ein? Wenn ja, zu welchem Zweck und mit welchem konkreten Auftrag?

Daneben sind Länder- und Industrierisiken (Corruption Perception Index und besondere regulatorische Anforderungen) bedeutsame Indikatoren, ebenso kann das Auftragsvolumen ein Grund sein, besonders gründlich in eine Geschäftsbeziehung hinzuschauen. Nicht zuletzt können Warnzeichen, *„red flags"*, auf besondere Risiken im Einzelfall hinweisen, etwa wenn

- der Geschäftspartner unbekannt in der Industrie ist
- die tatsächliche Wertschöpfung durch den Geschäftspartner unklar ist oder
- ungewöhnliche Zahlungsmethoden (Barzahlung, Off-Shore Konten) feststellbar sind.

3. Überprüfung

Je nach Höhe des Risikos sind die Geschäftspartner sodann zu überprüfen, sei es retrospektiv, wenn in der Vergangenheit noch keine Überprüfung stattgefunden hat, und/oder in einem definierten Prozess für neue Geschäftspartner.

Diese Überprüfung wird zumeist unter dem Stichwort „Background Checks" zusammengefasst, was im ersten Schritt ein Abgleich gegen die wichtigsten „schwarzen Listen" sein kann (etwa World Bank Listing of Ineligible Firms & Individuals oder die Korruptionsregister der Länder). Auch einfache Suchmaschinenabfragen können bereits interessante Ergebnisse zutage fördern. Je höher die Risiken sind, desto mehr muss der Geschäftspartner „auf Herz und Nieren" geprüft werden, insbesondere durch eine genaue Analyse der wirtschaftlich Berechtigten (*„beneficial ownership"*). Letzteres ist insbesondere zur Erfüllung geldwäscherechtlicher Vorschriften erforderlich.

Zusätzlich können weitere rechtliche Pflichten bestehen, etwa zur Prüfung einschlägige Sanktionslisten.

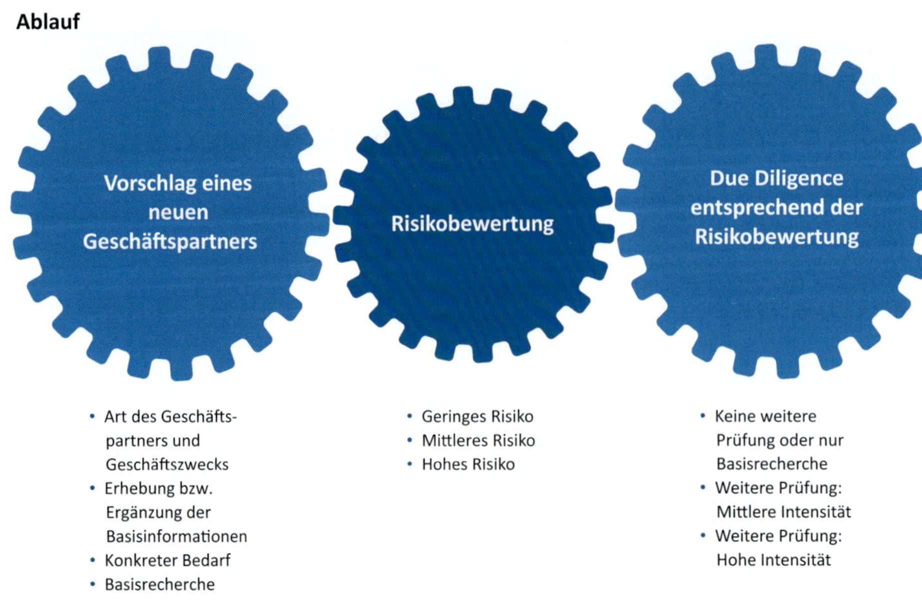

4. Flankierende Maßnahmen

Als „flankierende Maßnahmen" kommen insbesondere die Bestätigung der Einhaltung eines Verhaltenskodex für Geschäftspartner und andere Maßnahmen in Betracht, wie die Einarbeitung von Compliance-Klauseln, die Festlegung von Auditrechten oder Schulungen.

Insbesondere in Verträgen implementierte Compliance-Klauseln sorgen für den notwendigen juristischen Hebel, tatsächlich Kontrolle in der Geschäftsbeziehung auszuüben und auf Unregelmäßigkeiten angemessen reagieren zu können.

⚠ ACHTUNG

Das Lieferkettensorgfaltspflichtengesetz (LkSG) fordert die Einrichtung eines Risikomanagements und die Durchführung einer Risikoanalyse für den eigenen Geschäftsbereich, aber auch hinsichtlich der unmittelbaren Zulieferer aufgrund menschenrechtlicher und umweltbezogener Risiken. Zu klären ist hier dann im Einzelnen, welche menschenrechtlichen oder umweltbezogenen Risiken wo in Bezug auf die Geschäftstätigkeit der Zulieferer auftreten, welche Risiken bei welchen Hochrisiko-Zulieferern relevant sind und welche spezifischen Maßnahmen (vertragliche Verpflichtungen und andere) zu ergreifen sind. Diese Fragen sind, sofern das LkSG anwendbar ist, in die Entwicklung von Compliance-Prozessen für Geschäftspartner unbedingt einzubeziehen.

5. Fazit

Ein sorgfältiges Geschäftspartner-Management kann sehr aufwendig sein. Indes – das Ergebnis ist eine „win-win"-Situation. Nicht nur schützt sich das Unternehmen vor Sanktions-, Haftungs- und Reputationsrisiken. Die so hergestellte Transparenz und Bewertung der Geschäftspartner sind auch im Geschäftsinteresse, nämlich über den Grund und die Rahmenbedingungen einer Geschäftsbeziehung, den Geschäftspartner sowie seine Leistungen genau Bescheid zu wissen. Oftmals ist diese „Inventur" schon aus geschäftlicher Perspektive lange überfällig, und wird sich in einem entsprechenden Return on Investment niederschlagen.

11 Due Diligence und Integration

„Ich prüfe jedes Angebot. Es könnte das Angebot meines Lebens sein.“ (Henry Ford)

Die Due Diligence spielt im Transaktionsgeschäft eine große Rolle. Sie soll eine Risikobewertung des Zielunternehmens ermöglichen und die Kaufentscheidung auf solide Füße stellen. Dies gilt für kommerzielle und finanzielle Aspekte, aber auch für rechtliche und Compliance-Risiken (zum Beispiel Korruptionsrisiken). Letzteres wird sowohl vom Foreign Corrupt Practices Act (FCPA) als auch dem UK Bribery Act (UKBA) besonders nachdrücklich eingefordert. Es muss nicht immer der ganz große „Deal“ sein. Auch Beteiligungen oder Joint Ventures erfordern einen genauen Blick auf das Compliance-Thema.

1. Einbindung der Compliance-Funktion

Die Realität sieht manchmal anders aus. Eine nach den gegebenen Möglichkeiten systematische Erfassung der Compliance-Risiken im Vorfeld einer Akquisition erfolgt eher selten und meist auch nicht in der erforderlichen Tiefe. Oft erscheint es, als wolle man sich einen vielversprechenden Deal nicht durch Compliance-Themen torpedieren lassen. Entsprechend werden Compliance-Verantwortliche in dieser Phase nicht immer einbezogen – ein riskantes Unterfangen, können doch Fehler in dieser wichtigen Phase später weitreichende Folgen haben.

2. Vorgehen während der Due Diligence

Eine Due Diligence kann kein vollständiges Compliance-Audit sein und das Fehlen von Auffälligkeiten ist auch keine Garantie dafür, dass spätere Probleme ausbleiben. Gleichwohl ist eine kritische Auseinandersetzung mit dem Compliance-Status des Zielunternehmens immens wichtig, um zu einer **realistischen Einschätzung** nicht nur der Chancen des Deals, sondern auch seiner Risiken zu gelangen.

Eine besondere Rolle spielt neben der Prüfung und Bewertung der dem Geschäftsmodell innewohnenden Compliance-Risiken auch die Bewertung des CMS des Zielunternehmens.

3. Bewertung des Geschäftsmodells

Die Bewertung des Geschäftsmodells folgt prinzipiell ähnlichen Schritten wie die Compliance-Risikoanalyse (siehe Kapitel 3). Die Kernfrage lautet also auch hier: Welche Faktoren können identifiziert werden, mit denen erhebliche Haftungsrisiken oder Schäden für das Unternehmen einhergehen können? Solche Faktoren könnten sein (Auswahl):

- Bedeutung von Lizenzen und Genehmigungen für ein Unternehmen (zum Beispiel als Bedingung für die Betreibung von Anlagen)
- Grad der behördlichen Überwachung und Kontrolle
- Einbindung von Geschäftspartnern (etwa Vertriebshändler, Berater).

Natürlich kann gerade in Risiken manchmal auch die Geschäftschance liegen, und wie schon erwähnt sind Risiken der Geschäftstätigkeit oft immanent, weswegen sie sich nicht eliminieren lassen.

BEISPIEL

Bei starker Abhängigkeit von behördlichen Entscheidungen wird praktisch immer ein Korruptionsrisiko bestehen. Es könnte aber durch die Einsetzung gezielter Maßnahmen wie Beratung, Schulungen oder Compliance Audits bestmöglich kontrolliert werden. Ziel einer Compliance Due Diligence sollte entsprechend sein, zu einer lebensnahen Beurteilung bestehender Compliance-Risiken im Zielunternehmen zu gelangen.

4. Bewertung des Compliance-Programms

Die kritische Bewertung des Compliance-Programms gibt im weiteren Schritt einen Einblick unter anderem in den Zustand der Risikokontrolle und der damit verknüpften Wahrscheinlichkeit, dass es in vielleicht gar nicht ferner Zukunft zu einer Realisierung dieser Risiken in Form von behördlichen Ermittlungsverfahren und damit verbundenen Schäden kommt.

BEISPIEL

Ein Compliance-Programm ist im Zielunternehmen nur der Form halber vorhanden. Es gibt keine konkreten Vorgaben oder Anleitung von Mitarbeitern, wie diese etwa mit Forderungen von Beratern nach Geldmitteln umgehen sollten, die diese für die Erlangung von behördlichen Genehmigungen in China „brauchen". Derartige Missstände geben zugleich einen Vorgeschmack auf den Aufwand, den der Käufer nach dem Erwerb bei der Neuorganisation der CMS im Zielunternehmen und die Compliance-Integration zu erwarten hat. Als recht verlässlicher Gradmesser des Zustands eines CMS hat sich erwiesen, wie das Zielunternehmen bislang mit Hinweisen auf Unregelmäßigkeiten umgegangen ist. Wurden Hinweise erfasst und nachvollziehbar bearbeitet? Wurden Maßnahmen zur Verbesserung ergriffen? Wenn dies nicht der Fall ist, wird erheblicher Entwicklungsbedarf bestehen.

5. Compliance-Integration

Sollte sich der Käufer zur Akquisition entschlossen haben, beginnen die eigentlichen Aufgaben erst. Die Integration eines CMS (wenn es ein solches gibt) ist meist ein erhebliches Stück Arbeit. Vor allem ist hier viel Fingerspitzengefühl gefragt. Unterschiedliche Herangehensweisen in Compliance-Fragen gehen meist auch auf unternehmenskulturelle Faktoren zurück: Wie wettbewerbsorientiert sind die Unternehmen im Vergleich? Ist die Regelungs- und Kontrolldichte hoch oder wird den Mitarbeitern viel Entscheidungsspielraum zugestanden? Hier muss auch aus Compliance-Sicht nicht das eine falsch und das andere richtig sein. Oft ist vor allem Überzeugungsarbeit zu leisten und Vertrauen aufzubauen.

6. Fazit

Compliance-Aspekte müssen in M&A-Prozessen berücksichtigt werden, um Schaden vom Unternehmen abzuwenden. Compliance-Verantwortliche sollten wissen, welche Art von Beteiligungen in ihrem Unternehmen eine Rolle spielen und darauf hinarbeiten, frühzeitig in die entsprechenden Prozesse einbezogen zu werden. Die Argumente sind auf Ihrer Seite.

12 Monitoring und Audit

Die Wirksamkeit eines CMS zeichnet sich dadurch aus, dass es in der Lage ist, sich ständig zu verbessern und weiterzuentwickeln (ISO 373001, A. 10.1). Monitoring & Audit sind ein essenzielles Element, das jedes CMS vervollständigt. Häufig ist bei der Bewertung von Compliance-Programmen jedoch festzustellen, dass dieses Thema vernachlässigt wird. Viele Unternehmen implementieren detaillierte Richtlinien und führen Compliance-Schulungen durch, überzeugen sich aber nicht von der Effektivität dieser Bemühungen. Dies geschieht einerseits aus Zeitgründen, aber auch, weil sich Compliance-Verantwortliche die Rolle des „Kontrolleurs" im eigenen Unternehmen nur ungern zu eigen machen und einen Interessenskonflikt zu ihrer Rolle als Berater wahrnehmen.

1. Begriffsklärung

Letztlich handelt es sich bei Monitoring & Audit um eine Prüfung von Funktionsfähigkeit und Effektivität eines CMS.

„Mit der Prüfung des CMS (...) erhalten Unternehmen einen unabhängigen und objektivierten Nachweis darüber, dass ihr CMS angemessen und wirksam ist. (...) Nur bei einer Wirksamkeitsprüfung (wird) die tatsächliche Funktion der einzelnen Komponenten des CMS beurteilt. Neben der risikobegrenzenden Wirkung kann eine CMS-Prüfung auch als ‚Stresstest' für das Unternehmen verstanden werden, der dazu beiträgt, ggf. bestehende Schwächen (zum Beispiel Regelungslücken im System) zu erkennen und das System zu verbessern" (Schmidt in Hauschka/Moosmayer/Lösler, Corporate Compliance, 3. Aufl. 2016, § 45 Rn. 14).

Die Begriffe Monitoring, Review, Revision, interne Untersuchung und Audit werden oft durcheinandergeworfen und sind auch nicht immer ganz klar voneinander abgrenzbar. Vor diesem Hintergrund werden die Begriffe „Monitoring" und „Audit" wie folgt verwendet:

- **Monitoring:** Monitoring soll hier als **kontinuierliche** Überprüfung der Vollständigkeit, Angemessenheit und Wirksamkeit des Compliance-Programms durch die Compliance Funktion selbst abgegrenzt werden. Diese umfasst unter anderem die vollständige Darstellung, die risikoangemessene Fortentwicklung des CMS, die regelmäßige Überprüfung der Einhaltung von Gesetzen, Richtlinien und Prozessen außerhalb von Prüfungen (Audits), die Funktionsfähigkeit der Programmelemente und die angemessene Dokumentation.
- **Audit:** In einem Audit wird unabhängig, manchmal auch in Sonderprüfungen, untersucht, ob Prozesse, Aktivitäten oder Managementsysteme definierte bzw. geforderte Standards, Richtlinien, Normanforderungen oder gesetzliche Vorgaben erfüllen (siehe ISO 19011); die typischen Phasen eines Audits sind (i) Planung, (ii) Prüfung, (iii) Berichtserstellung, (iv) Empfehlung zum Follow-up und (v) Dokumentation).

Weder Monitoring noch Audit sind als „interne Ermittlungen" (*Forensic Audits*) zu verstehen. Sie können aber den Ausgangspunkt für solche Ermittlungen darstellen, wenn sich Hinweise auf Compliance-Verstöße ergeben sollten.

2. Planung

Wie sollten Compliance-Verantwortliche das Thema nun praktisch angehen? Dafür muss geplant werden, was geprüft werden und wie die Prüfung konkret durchgeführt werden soll.

Betrachten wir dabei die Elemente des CMS als Checkliste. Die einzelnen Elemente müssen nicht nur formal – „auf dem Papier" – vorhanden sein, sondern sie müssen ihren Zweck auch in effektiver Art und Weise erfüllen.

Dabei stehen unterschiedliche Methoden zur Auswahl. Bei der Festlegung des Umfangs und des Zeitrahmens von Maßnahmen zur kontinuierlichen Verbesserung sollte das Unternehmen den konkreten Kontext, wirtschaftliche Faktoren und andere relevante Umstände berücksichtigen.

Einerseits ist ein „Self Check" des CMS möglich, bei dem die Verantwortlichen ihr Compliance-Programm auf seine Vollständigkeit, Funktionalität und Wirksamkeit selbst überprüfen. Die Frage könnte etwa sein: Funktioniert das Programm so, wie es vorgesehen ist? Bekommen Mitarbeiter bei Eintritt tatsächlich den Verhaltenskodex ausgeteilt? Funktionieren die Links zum Hinweisgebersystem? Wurden Handlungsempfehlungen aus Risikobewertungen umgesetzt? Hierbei kann auch das Monitoring anderer Funktionen eine Rolle spielen. So könnte beispielsweise überprüft werden, ob die Personalabteilung mit dem Arbeitsvertrag absprachegemäß auch den Verhaltenskodex versendet. Siehe ein Beispiel für einen solchen Self Check in **Anlage 4 am Ende der Broschüre.**

In gewissem Umfang kann sich der Compliance Officer auch konkret ein Bild von der Umsetzung des CMS machen, zum Beispiel durch die Prüfung von bestimmten Sachkonten und Buchungen im ERP-System des Unternehmens. Zu denken wäre an eine Prüfung gebuchter Geschenke, Bewirtungen, Spenden, Beratungsverträge und Ähnliches, sofern diese mit Compliance-Risiken verbunden sein konnten. Konkrete Audit-Maßnahmen sollten aber idealerweise nicht von der Compliance-Funktion selbst, sondern von einer separaten internen Revision oder externen Prüfern durchgeführt werden. Hier sollte der Compliance-Verantwortliche auf jeden Fall den Austausch suchen und die beauftragte Funktion möglichst für Compliance-relevante Themen sensibilisieren. Vor allem die interne Revision (soweit vorhanden) ist für Compliance-Verantwortliche oftmals ein wichtiger Partner, dessen Fachkenntnis und Ressourcen sehr nützlich sein können. Steht eine Revision nicht zur Verfügung, kann externe Hilfe dazu beitragen, notwendige Maßnahmen nicht weiter auf die lange Bank zu schieben und einen Startpunkt zu finden. Auch eine Beteiligung des Betriebsrats kann notwendig sein.

⚠ ACHTUNG

Monitoring & Audit sind keine internen Ermittlungen. Allerdings können sich aus Monitoring & Audit Hinweise auf konkretes Fehlverhalten ergeben, das einer weiteren Überprüfung bedarf und dann den Regeln interner Ermittlungen folgen muss (siehe Kapitel 9, 2.) Kritisch sind auch Maßnahmen, die ohne konkrete Verdachtsmomente zur nicht anlassbezogenen Überprüfung von Mitarbeitern führen können. Solche Maßnahmen bedürfen regelmäßig einer sorgfältigen internen Abstimmung, einschließlich der Beteiligung des Betriebsrats.

3. Aus Fehlern lernen

Die besten Maßnahmen und Überprüfungen helfen nicht, wenn aus ihren Ergebnissen keine Schlüsse gezogen werden. Was also sollte man tun, wenn bei der Überprüfung des CMS Lücken oder Auffälligkeiten gefunden werden? Das hängt von der Art des Befundes ab. Werden einzelnes Fehlverhalten oder Unregelmäßigkeiten entdeckt, kann eine interne Untersuchung die richtige Konsequenz sein. Werden hingegen im CMS strukturelle Mängel erkannt, müssen Verbesserungen des CMS erwogen werden.

4. Fazit

Zentraler Leitsatz beim Thema Monitoring & Audit ist: „Wenig ist mehr als nichts", das heißt klein anzufangen und sich notfalls in Einzelschritten vorzuarbeiten, ist in jedem Fall besser, als gar nichts zu tun. Wer hier „dranbleibt" und sein gut konzipiertes CMS auch regelmäßig einem „Stresstest" unterzieht, wird im Fall der Fälle im Vorteil sein.

Anlagen

Anlage 1

Der folgende Fragebogen führt durch die wichtigsten Elemente eines belastbaren CMS. Die Auswertung gibt unterstützt eine erste Einschätzung zu möglichen Schwächen. Er dient zur ersten Orientierung und Priorisierung der Aufgaben.

I. Compliance-Richtlinien und -Prozesse			
	Ja	Nein	Pkt.
Verfügt Ihre Organisation über eine/n Verhaltensrichtlinie/Code of Conduct?	1	0	
Verfügt Ihre Organisation über risikoangemessene Richtlinien (zum Beispiel Antikorruptions- oder Geschenkerichtlinie, Wettbewerbsrichtlinie, Umgang mit Interessenskonflikten)	1	0	
Berücksichtigen Ihre Compliance-Richtlinien und -Prozesse die Besonderheiten Ihrer Industrie/Branche/Geschäftstätigkeit?	1	0	
II. Bekenntnis und Verpflichtung der Geschäftsleitung			
	Ja	Nein	Pkt.
Äußert sich die Geschäftsführung Ihrer Organisation in regelmäßigen Abständen zum Thema Compliance (E-Mail, Intranet, Mitarbeiterzeitung oder Ähnliches)?	1	0	
Wird die Geschäftsführung regelmäßig zu Compliance-Themen informiert?	1	0	
III. Risikoanalyse			
	Ja	Nein	Pkt.
Wurde in den letzten drei Jahren in Ihrem Unternehmen eine umfassende Compliance-Risikoanalyse (mit Bestandsaufnahme, Interviews, Risikobewertung und Vereinbarung von Verbesserungsmaßnahmen) durchgeführt?	6	-6	
Wurde in Anschluss an die Risikoanalyse ein Maßnahmenplan erstellt und dieser auch umgesetzt?	1	0	
IV. Compliance-Organisation und Ressourcen			
	Ja	Nein	Pkt.
Besteht für Ihre Organisation eine gesetzliche Pflicht, einen Compliance Officer zu benennen (etwa bei Banken, Versicherungen) oder nach Selbstverpflichtung (Pharma FSA/AKG)?	0	0	
Hat Ihr Unternehmen einen Compliance-Verantwortlichen (Compliance Officer, Compliance Manager oder Ähnliches) benannt?	6	0 (wenn vorherige Frage mit „nein" beantwortet; bei „ja": -6)	
Verfügt der Compliance-Verantwortliche über angemessene zeitliche, personelle und finanzielle Ressourcen?	1	0	
Findet zwischen dem Compliance-Verantwortlichen und der Geschäftsführung ein regelmäßiger Austausch statt?	1	0	
Hat der Compliance-Verantwortliche Zugang zu einem Führungsgremium (Executive Committee oder Ähnliches) der Organisation, um Compliance-Themen zu adressieren?	1	0	
Gibt es in Ihrem Unternehmen ein Compliance Committee, das sich mit der Koordinierung von Compliance-Themen oder dem Verdachtsmanagement befasst?	1	0	
Kennen die Mitarbeiter ihren betriebsinternen Ansprechpartner zu Compliance-Themen?	1	0	

V. Kommunikation, Training und Beratung			
	Ja	Nein	Pkt.
Erhalten neue Mitarbeiter die Verhaltensrichtlinie/Code of Conduct mit dem Arbeitsvertrag?	1	0	
Haben Mitarbeiter Ihres Unternehmens einfachen Zugang zu Compliance-Informationen (Richtlinien und Prozesse, Schulungsunterlagen, Q&A, etc)?	1	0	
Werden Mitarbeiter Ihrer Organisation risikoangemessen zu Compliance-Themen geschult?	1	0	
Erhalten neue Mitarbeiter nach Eintritt in das Unternehmen zeitnah eine Compliance-Schulung?	1	0	
Erhalten Führungskräfte besondere Compliance-Informationen bzw. -Schulungen?	1	0	
Wurde in Ihrer Organisation schon einmal eine Mitarbeiterbefragung zum Thema Compliance durchgeführt?	1	0	
Können sich die Mitarbeiter vom Compliance-Verantwortlichen zu ihren Fragen beraten lassen?	1	0	
VI. Meldesystem, Ermittlungen, Sanktionen und Anreize			
	Ja	Nein	Pkt.
Hat Ihre Organisation über 50 Mitarbeiter?	0	0	
Verfügt Ihre Organisation über definierte Kanäle, über die Compliance-Bedenken von Mitarbeitern kommuniziert werden können (Ombudsperson, Hinweisgebersystem)?	1	0 (wenn vorherige Frage mit „Ja" beantwortet; bei „nein: – 6)	
Gibt es einen Prozess, wie mit gemeldeten Compliance-Bedenken umgegangen wird (etwa Zuständigkeit für interne Untersuchungen, Compliance Committee, Schutz von Hinweisgebern und Beschuldigten)?	1	0 (falls nein und > 50 Mitarbeiter, ist die EU Whistleblower Directive bzw. das noch kommende HinSchG zu beachten)	
Gibt es Ansätze in Ihrer Organisation, Anreize für Compliance-orientiertes Verhalten zu schaffen (etwa über Zielvereinbarungen)?	1	0	
VII. Geschäftspartner-Management			
	Ja	Nein	Pkt.
Beauftragt Ihre Organisation Geschäftspartner (zum Beispiel Handelsvertreter, Vertriebspartner, Berater), die in Ihrem Auftrag bzw. Interesse tätig sind?*	0	0	
*Falls ja: Verpflichten Sie diese vertraglich auf Compliance (etwa durch die Bestätigung eines Verhaltenskodex)?	1	0	
*Falls ja: Informieren/schulen Sie Geschäftspartner zu Compliance-Themen? –	1	0	
*Falls ja: Auditieren Sie Ihre Geschäftspartner zu Compliance-Themen?	1	0	
*Falls ja: Gibt es in Ihrem Unternehmen einen Lieferanten- oder Geschäftspartnerkodex?	1	0	
Prüfen Sie, ob durch Ihre unternehmerische Tätigkeit Menschenrechte weltweit gefährdet oder verletzt werden könnten (Lieferkettensorgfaltspflichtengesetz)?	1	0	
Gibt es eine Hinweisstelle, bei der Drittparteien oder Betroffene etwaige Verstöße melden können (Ombudsperson, Hinweisgebersystem)?	1	0	

VIII. Due Diligence und Integration in M&A-Prozessen			
	Ja	Nein	Pkt.
Kommt es vor, dass Ihre Organisation andere Unternehmen akquiriert oder Joint Ventures eingeht?*	1	0	
*Falls ja: Ist der Compliance-Verantwortliche in solche Prozesse eingebunden?	1	0	
*Falls ja: Prüft Ihre Organisation in diesem Fall Compliance-Aspekte, bevor sie eine Beteiligung eingeht?	1	0	
*Falls ja: Werden neue Unternehmen oder Unternehmensbestandteile in das CMS Ihrer Organisation angemessen integriert?	1	0	
IX. Monitoring & Audit			
	Ja	Nein	Pkt.
Verfügt Ihre Organisation über ein Internes Audit oder eine Interne Revision?*	1	0	
*Falls ja: Prüfen diese die Einhaltung von internen und externen Compliance Vorschriften regelmäßig mit?	1	0	
*Falls nein: Prüfen andere interne Stellen (etwa der Compliance Beauftragte) oder externe die Einhaltung von internen und externen Compliance-Vorschriften?	1	0	
Führen Sie unabhängig von Risikoanalysen im laufenden Geschäft Maßnahmen durch, mit denen Sie sich von der Effektivität Ihres CMS überzeugen (Monitoring)?	1	0	
Erstellen Sie im Rahmen solcher Überprüfungen Maßnahmenpläne und setzen diese auch um?	1	0	
Gesamtpunktzahl			

Auswertung		
90 % **(= 44,1)** und höher: „Ihr CMS enthält auf der Basis Ihrer Angaben die wichtigsten Elemente, um effektiv sein zu können."	Zwischen 50 und 89 % **(= ab 24,5):** „Ihr CMS weist auf der Basis Ihrer Angaben einige Lücken auf, die mit erheblichen Risiken verbunden sein könnten."	Unter 50 % **(= bis 24,4):** „Ihr CMS weist auf der Basis Ihrer Angaben deutliche Lücken auf, die mit erheblichen Risiken verbunden sein könnten."

Anlage 2

Risikobereich	Thema	Informationsquelle (Die genannten Quellen sind Beispiele für erste Informationen, die weiter ergänzt werden können. Auch Newsletter stellen eine gute Informationsquelle dar, etwa Newsdienst Compliance und Datenschutz des Beck-Verlags)	Verantwortlich	Abstimmung (Mit welchen Bereichen oder Funktionen muss ein Austausch stattfinden oder informiert werden und auf welche Weise)
Wirtschafts-kriminalität	Korruption	https://www.transparency.de/		
	Betrug, Untreue, Unterschlagung und andere Vermögensstraftaten	https://www.bka.de/DE/UnsereAufgaben/Deliktsbereiche/Wirtschaftskriminalitaet/wirtschaftskriminalitaet_node.html		
	Außenwirtschaftsrecht	https://www.bafa.de https://www.bmwk.de/Redaktion/DE/Artikel/Aussenwirtschaft/aussenwirtschaftsrecht.html		
Wettbewerb	Kartellrecht	https://www.bundeskartellamt.de		
	Lauterkeitsrecht	https://www.bmwk.de/Redaktion/DE/Downloads/I/informationen-zum-nationalen-kartell-und-wettbewerbsrecht.pdf?__blob=publicationFile&v=4		
Mitarbeiter	Arbeitsrecht	https://www.bmas.de/DE/Arbeit/Arbeitsrecht/arbeitsrecht.htmlar		
	Arbeitszeit	https://ec.europa.eu/social/main.jsp?catId=706&intPageId=205&langId=de		
	Arbeitssicherheit	https://berufsgenossenschaften.info/		
	Illegale Beschäftigung	https://www.zoll.de/DE/Fachthemen/Arbeit/Bekaempfung-der-Schwarzarbeit-und-illegalen-Beschaeftigung/bekaempfung-der-schwarzarbeit-und-illegalen-beschaeftigung_node.html		
	Sozialversicherung	https://www.arbeitsagentur.de/fuer-menschen-aus-dem-ausland/sozialversicherung-in-deutschland		

Risikobereich	Thema	Informationsquelle (Die genannten Quellen sind Beispiele für erste Informationen, die weiter ergänzt werden können. Auch Newsletter stellen eine gute Informationsquelle dar, etwa Newsdienst Compliance und Datenschutz des Beck-Verlags)	Verantwortlich	Abstimmung (Mit welchen Bereichen oder Funktionen muss ein Austausch stattfinden oder informiert werden und auf welche Weise)
Daten- und Informationsschutz	Datenschutz	https://www.bfdi.bund.de/DE/Infothek/Pressemitteilungen/pressemitteilungen-node.html Siehe auch die Webseiten der Aufsichtsbehörden der einzelnen Bundesländer, etwa https://datenschutz.hessen.de/		
	IT-Sicherheit	https://www.bsi.bund.de/DE/Home/home_node.html		
	Geschäftsgeheimnisse & geistiges Eigentum	https://europa.eu/youreurope/business/running-business/intellectual-property/trade-secrets/index_de.htm https://www.dpma.de/service/kmu/geistiges_eigentum/index.html		
Produktion	Umweltrecht	https://www.umweltbundesamt.de/tags/umweltrecht		
	Produktkonformität	https://europa.eu/youreurope/business/product-requirements/compliance/index_de.htm		
Allgemeine Unternehmenspflichten	Finanzberichterstattung	https://www.bafin.de/DE/Aufsicht/BoersenMaerkte/Transparenz/InformationspflichtenEmittenten/Finanzberichterstattung/finanzberichterstattung_node.html		
	Steuern & Steuerrecht	https://www.bundesfinanzministerium.de/Web/DE/Themen/Steuern/_VollstaendigeListe/vollstaendige-liste.html		
	Geldwäscheprävention	https://www.bundesfinanzministerium.de/Content/DE/Downloads/Broschueren_Bestellservice/zoll-geldwaescheypraevention.html		
	ESG	https://www.bafa.de/DE/Lieferkette https://www.csr-in-deutschland.de/DE/Wirtschaft-Menschenrechte/wirtschaft-menschenrechte.html		
	Subventionen	https://european-union.europa.eu/live-work-study/funding-grants-subsidies_de		

Anlage 3

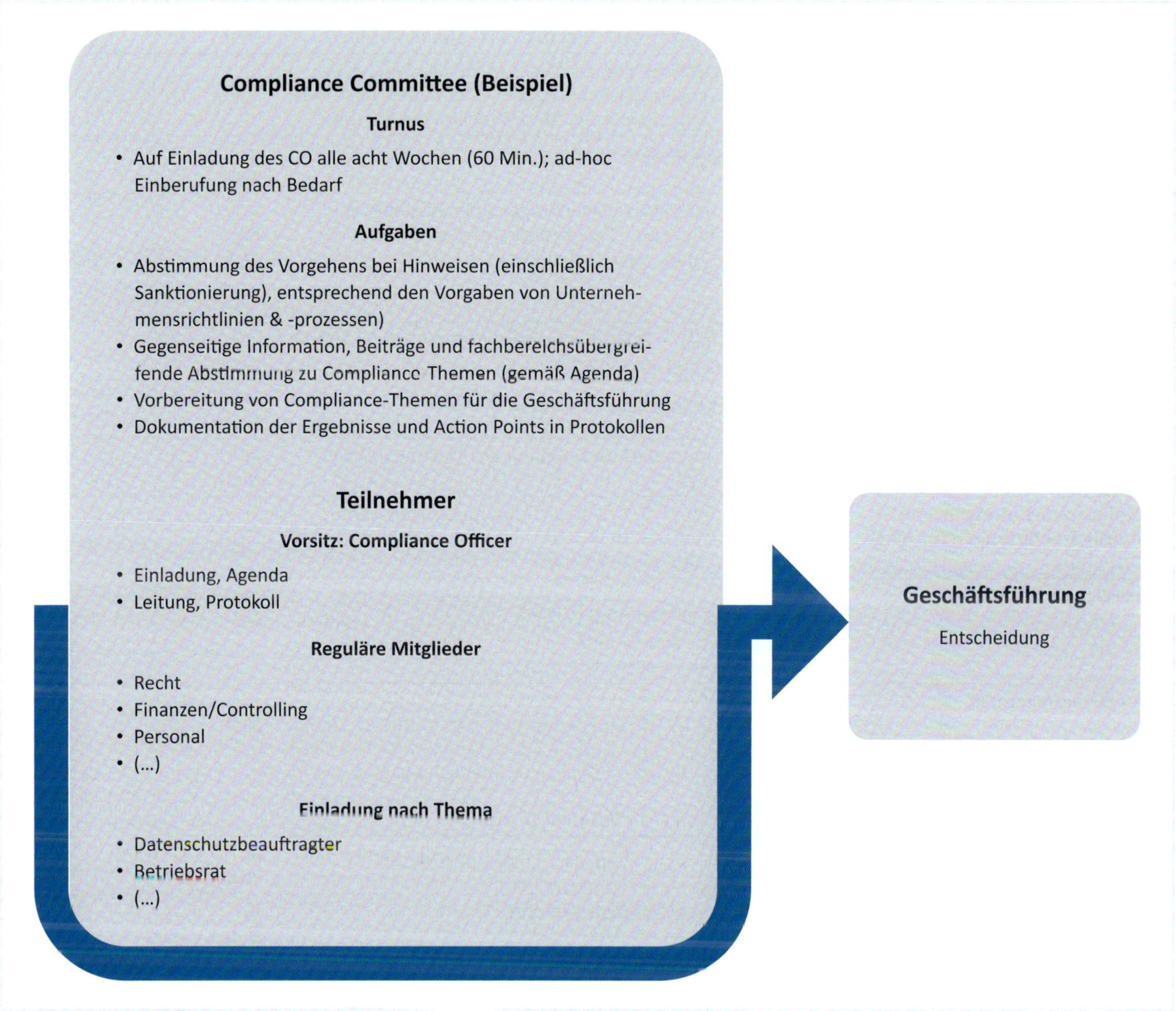

Compliance Committee (Beispiel)

Turnus

- Auf Einladung des CO alle acht Wochen (60 Min.); ad-hoc Einberufung nach Bedarf

Aufgaben

- Abstimmung des Vorgehens bei Hinweisen (einschließlich Sanktionierung), entsprechend den Vorgaben von Unternehmensrichtlinien & -prozessen)
- Gegenseitige Information, Beiträge und fachbereichsübergreifende Abstimmung zu Compliance Themen (gemäß Agenda)
- Vorbereitung von Compliance-Themen für die Geschäftsführung
- Dokumentation der Ergebnisse und Action Points in Protokollen

Teilnehmer

Vorsitz: Compliance Officer

- Einladung, Agenda
- Leitung, Protokoll

Reguläre Mitglieder

- Recht
- Finanzen/Controlling
- Personal
- (...)

Einladung nach Thema

- Datenschutzbeauftragter
- Betriebsrat
- (...)

Geschäftsführung

Entscheidung

Anlage 4

Element	Kontrollaktivität (Beispiele)	Ergebnis		Anmerkungen
Geordnete Darstellung des Compliance-Programms	Überprüfung der Darstellung und des Ablageortes, zum Beispiel in einem Dokument oder in elektronischen Ordnern	Ja Nein	O O	
Anpassung CMS auf neue Risiken	Überprüfung Risiken gemäß Änderungen der Geschäftstätigkeit, neuer gesetzlicher Vorgaben oder neuer Umstände; Prüfung von Angemessenheit und Wirksamkeit des CMS	Ja Nein	O O	
Bewertung von Compliance-Risiken und -Kontrollen	Regelmäßige Risikoanalysen	Ja Nein	O O	
Regelmäßige Überprüfung von Vollständigkeit, Funktionalität und Wirksamkeit des Compliance-Programms außerhalb von Compliance-Audits („Monitoring")	„Self Check" des CMS; Auswertungen über Systeme von Compliance-relevanten Sachkonten und Buchungen über ERP-Systeme (etwa von Geschenken)	Ja Nein	O O	
Compliance-Audits	Durchführung und Dokumentation von Compliance-Audits durchgeführt und dokumentiert	Ja Nein	O O	
Findings aus Monitorings und Audits adressiert und behoben	Überprüfung des Status von Aktionsplänen	Ja Nein	O O	
Compliance-Richtlinien und -Prozesse	Aktuell, kommuniziert und zugänglich, Prüfung der Vollständigkeit	Ja Nein	O O	
Compliance-Schulungen, einschließlich Schulungen für neue Mitarbeiter	Dokumentation der Teilnahme (Teilnehmerlisten, Schulungsunterlagen, Dokumentation der Schulungsbestätigung)	Ja Nein	O O	
Prozess neue Mitarbeiter	Verwendung Compliance-Klauseln in Arbeitsverträgen; Übersendung, Bestätigung Verhaltensrichtlinie und Ablage Bestätigung in Personalakte; Erfassung Nebentätigkeiten und Prüfung von Interessenkonflikten	Ja Nein	O O	
Hinweismanagement	Links und E-Mail-Kontakte korrekt und funktionsfähig Informationen für Mitarbeiter aktuell, kommuniziert und zugänglich Externe Kommunikation (Webseite) ausreichend und implementiert Vollständige und geordnete Fall-Dokumentation	Ja Nein	O O	
Compliance Committee	Überprüfung regelmäßiger Meetings und Dokumentation (Protokolle und To-Dos)	Ja Nein	O O	
Regelmäßiges Reporting an Geschäftsleitung mit Indikatoren zur Messbarkeit der Effektivität des CMS	Überprüfung regelmäßiger Berichte	Ja Nein	O O	
Einholung und Berücksichtigung von Feedback	Austausche mit verschiedenen Funktionen, Compliance Committee (Häufigkeit, Dokumentation)	Ja Nein	O O	
Durchsetzung des Compliance-Programms	Werden Compliance-Verstöße aufgegriffen und einheitlich bewertet? Werden notwendige Maßnahmen (Nachschulung, Ermahnung, Abmahnung, Kündigung) ergriffen?	Ja Nein	O O	
Mitarbeiterbefragungen	Prüfung regelmäßiger Durchführung	Ja Nein	O O	
Compliance-Kontakte	Telefon: korrekt und funktionsfähig E-Mail: korrekt und funktionsfähig	Ja Nein	O O	

Element	Kontrollaktivität (Beispiele)	Ergebnis		Anmerkungen
Kommunikationsmaßnahmen	Überprüfung regelmäßiger und effektiver Compliance-Kommunikation	Ja Nein	O O	
Geschäftspartner-Management	Code of Conduct für Geschäftparter aktuell und zugänglich; Verwendung von Compliance-Klauseln in Verträgen mit Geschäftspartnern entsprechend Empfehlung; Durchführung Sanktionslistenprüfung und anderen	Ja Nein	O O	
Geldwäsche	Überprüfung Bargeldgeschäfte und anderen	Ja Nein	O O	

Glossar und häufig verwendete Abkürzungen

Compliance Management System (CMS)	Gesamtheit der Compliance Maßnahmen, die auf der Grundlage der von den gesetzlichen Vertretern festgelegten Ziele auf ein regelkonformes Verhalten der gesetzlichen Vertreter und der Mitarbeiter des Unternehmens sowie gegebenenfalls von Dritten abzielen, das heißt auf die Einhaltung bestimmter Regeln und damit auf die Verhinderung von wesentlichen Verstößen (Regelverstöße).
CMS-Elemente	Grundelemente eines Compliance Management Systems: Risikoanalyse, Richtlinien und Prozesse, Bekenntnis und Verpflichtung der Geschäftsführung, Organisation und Ressourcen, Kommunikation und Schulung, Hinweise und Ermittlungen, Geschäftspartner-Management, Due Diligence und Integration, Monitoring und Audit.
DCGK	Deutscher Corporate Governance Kodex 2019
DICO	Deutsches Institut für Compliance e. V.
Due Diligence	Steht für die sorgfältige Prüfung, die (im Regelfall durch den Käufer) beim Unternehmenskauf oder dem Erwerb von Unternehmensbeteiligungen erfolgen soll; auch bei der Prüfung menschenrechtlicher und umweltbezogener Risiken wird von „Due Diligence", nämlich der entsprechenden Risiken in der Lieferkette eines Unternehmens, gesprochen.
ESG	Environment, Social, Governance
FCPA	Foreign Corrupt Practices Act
Geschäftspartner	Hierunter versteht man typischerweise Vertragspartner des Unternehmens, etwa Lieferanten von Waren oder Dienstleistungen, aber auch Händler, Handelsvertreter, Vertriebspartner und andere Vermittler. Auch Kunden können – sofern eine Einbeziehung zielführend ist – unter den Begriff des Geschäftspartners fallen.
HinSchG	Hinweisgeberschutzgesetz
Hinweisgebersystem	Meldesystem, an das sich Mitarbeiter oder Externe wenden können, wenn sie Verdachtsmomente melden möchten
LkSG	Lieferkettensorgfaltspflichtengesetz
OMG	Object Management Group
Q&A	Questions & Answers, das heißt häufig gestellte Fragen
Risikoanalyse	Risikoanalyse ist die Identifizierung von Gefahren, die sich negativ auf die Fähigkeit eines Unternehmens auswirken könnten, Geschäfte zu führen. Sie hilft dabei, inhärente Geschäftsrisiken zu identifizieren und Maßnahmen, Prozesse und Kontrollen bereitzustellen, um die Auswirkungen dieser Risiken auf den Geschäftsbetrieb zu reduzieren.
SOP	Standard Operating Procedure
UKBA	United Kingdom Bribery Act

Persönliche Notizen

Persönliche Notizen